Strickmaschen für Kids

40 wundervolle Modelle

OZ creativ

Strickmaschen für Kids

40 wundervolle Modelle

Inhalt

Größentabelle Kinder

Die Größen in unseren Anleitungen sind in Altersstufen angegeben, aber nicht alle Kinder wachsen gleich schnell.
Wenn Sie sicher gehen wollen, dass die bei der Anleitung angegebene Altersangabe auch der momentanen Größe Ihres Kindes entspricht, vergleichen Sie die Körpermaße Ihres Kindes mit den Zahlen in der Tabelle und mit den Maßen im Schnitt.
So erkennen Sie, auch unabhängig vom Alter, welche Anleitungsgröße Ihrem Kind am besten passt.

Kleidergröße	98–104 • 2 Jahre	110–116 • 4 Jahre	122–128 • 6 Jahre	134–140 • 8 Jahre	146–152 • 10 Jahre
Körperhöhe in cm	93–104	105–116	117–128	129–140	141–152
Rückenlänge in cm	23–26	26–29	29–31	31–34	34–37
Armlänge in cm	30–36	36–39	40–45	46–51	52–55
Brustumfang in cm	54–57	58–60	61–65	66–70	71–78
Taillenweite in cm	52–54	55–56	57–59	60–62	62–65
Hüftweite in cm	56–60	61–65	66–70	71–76	77–82

Körperhöhe: vom Scheitel bis zur Sohle gemessen
Rückenlänge: vom Nacken bis zur Taille gemessen
Armlänge: vom Handgelenk bis zum Hals gemessen
Brustumfang: rundum auf Brusthöhe gemessen
Taillenweite: locker rund um die Taille gemessen
Hüftweite: rundum an der stärksten Stelle des Popos gemessen

1 Strickjacke

schlicht glatt rechts mit Rippenmuster – so rücken die Rüschen an Kragen, Knopfleiste und Ärmeln in den Blickpunkt. Feineres Wollmischgarn.

 Pullunder

mit Zopf im Glatt-rechts-Grund,
dazu Rippen-Blenden.
Feineres Wollmischgarn.

Strickjacke

GRÖSSEN
2 Jahre (4 Jahre/6 Jahre/8 Jahre/10 Jahre)

MATERIAL
Wollmischgarn (LL 111 m/50 g): 200 (200/250/300/350) g Hellrot • Stricknadeln Nr. 3,5 und Nr. 4 • Rundstricknadel Nr. 3,5 • 69 (73/77/82/86) cm Samtband • 5 Knöpfe

MUSTER
Rippenmuster: 1 M re, 1 M li im Wechsel.
Glatt rechts: Hin-R re M, Rück-R li M.

MASCHENPROBE
Glatt rechts mit Nadeln Nr. 3,5: 23 M und 30 R = 10 x 10 cm

SO WIRD'S GEMACHT
Rückenteil
66 (74/80/84/92) M mit Nd Nr. 3,5 anschlagen und glatt re stricken.

Nach 17 (19/21/23/26) cm ab Anschlag für die Armausschnitte beidseitig in jeder 2. R wie folgt abketten:
2 und 4 Jahre: 1 x 3 M, 2 x 2 M und 1 x 1 M.
6 und 8 Jahre: 1 x 3 M, 2 x 2 M und 2 x 1 M.
10 Jahre: 1 x 4 M, 1 x 3 M, 1 x 2 M und 1 x 1 M.
= 50 (58/62/66/72) M.
Nach 30 (34/38/41/45) cm ab Anschlag für die Schulterschrägungen beidseitig in jeder 2. R wie folgt abketten:
2 Jahre: 1 x 2 M und 3 x 3 M.
4 Jahre: 2 x 3 M und 2 x 4 M.
6 Jahre: 1 x 3 M und 3 x 4 M.
8 Jahre: 4 x 4 M.
10 Jahre: 1 x 4 M und 3 x 5 M.
Gleichzeitig mit der 1. Schulterabnahme für den Halsausschnitt die mittleren 10 (12/14/16/16) M abketten und beide Seiten getrennt beenden. Am Halsausschnittrand in jeder 2. R 1 x 5 M und 1 x 4 M abketten.

Rechtes Vorderteil
26 (28/32/34/38) M mit Nd Nr. 3,5 anschlagen und glatt re stricken.
Nach 17 (19/21/23/26) cm ab Anschlag für den Armausschnitt am linken Rand in jeder 2. R wie folgt abketten:
2 und 4 Jahre: 1 x 3 M, 2 x 2 M und 1 x 1 M.
6 und 8 Jahre: 1 x 3 M, 2 x 2 M und 2 x 1 M.
10 Jahre: 1 x 4 M, 1 x 3 M, 1 x 2 M und 1 x 1 M.
= 18 (20/23/25/28) M.
Nach 28 (32/35/38/42) cm ab Anschlag für den Halsausschnitt am rechten Rand wie folgt abketten:
2 Jahre: In jeder 2. R 1 x 3 M, 1 x 2 M, 1 x 1 M, dann nach weiteren 4 R 1 x 1 M.
4 Jahre: In jeder 2. R 1 x 3 M, 2 x 1 M, dann nach weiteren 4 R 1 x 1 M
6 Jahre: In jeder 2. R 1 x 3 M, 1 x 2 M, 1 x 1 M, dann in jeder 4. R 2 x 1 M.
8 und 10 Jahre: In jeder 2. R 1 x 3 M, 1 x 2 M, 3 x 1 M, dann nach weiteren 4 R 1 x 1 M.
Nach 30 (34/38/41/45) cm ab Anschlag für die Schulterschrägung am linken Rand in jeder 2. R wie folgt abketten:
2 Jahre: 1 x 2 M und 3 x 3 M.
4 Jahre: 2 x 3 M und 2 x 4 M.
6 Jahre: 1 x 3 M und 3 x 4 M.
8 Jahre: 4 x 4 M.
10 Jahre: 1 x 4 M und 3 x 5 M.
Das linke Vorderteil gegengleich stricken.

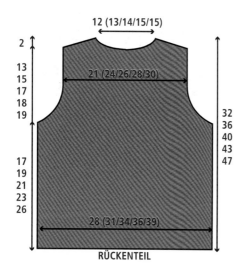

12 (13/14/15/15)
2
13
15
17
18
19
21 (24/26/28/30)
32
36
40
43
47
17
19
21
23
26
28 (31/34/36/39)
RÜCKENTEIL

Ärmel

69 (72/75/78/81) M mit Nd Nr. 3,5 anschlagen und für die Rüsche 4 R Rippenmuster stricken, dabei mit 1 M re beginnen und mit 1 M re (1 M li/ 1 M re /1 M li/1 M re) enden. Dann 4 R glatt re stricken, dabei in der letzten Rück-R 23 (24/25/26/27) x jede 2. und 3. M li zusammenstricken = 46 (48/ 50/52/54) M.

Dann für den Rippenbund 4 cm = 12 R im Rippenmuster stricken, danach glatt re weiterstricken, dabei beidseitig jeweils 2 M vom Rand wie folgt zunehmen:

2 Jahre: Ohne Zunahmen hochstricken.

4 Jahre: In jeder 14. R 2 x 1 zunehmen.

6 Jahre: In jeder 12. R 2 x 1 M, dann in jeder 10. R 2 x 1 M zunehmen.

8 Jahre: In jeder 12. R 2 x 1 M, dann in jeder 10. R 3 x 1 M zunehmen.

10 Jahre: In jeder 12. R 3 x 1 M, dann in jeder 10. R 3 x 1 M zunehmen. = 46 (52/58/62/66) M.

Nach 10 (14/18/21,5/25) cm ab Rippenbund für die Armkugel beidseitig wie folgt abketten:

2 Jahre: In jeder 2. R 1 x 2 M, 3 x 1 M, in jeder 4. R 5 x 1 M und wieder in jeder 2. R: 3 x 1 M und 1 x 2 M.

4 Jahre: In jeder 2. R 1 x 2 M, 6 x 1 M, in jeder 4. R 4 x 1 M und wieder in jeder 2. R 4 x 1 M und 1 x 2 M.

6 Jahre: In jeder 2. R 1 x 2 M, 8 x 1 M, in jeder 4. R 2 x 1 M und wieder in jeder 2. R 7 x 1 M und 1 x 2 M.

8 Jahre: In jeder 2. R 1 x 2 M, 9 x 1 M, in jeder 4. R 2 x 1 M und wieder in jeder 2. R 8 x 1 M und 1 x 2 M.

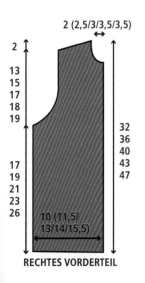

RECHTES VORDERTEIL

2 (2,5/3/3,5/3,5)

2
13
15
17
18
19

17
19
21
23
26

10 (11,5/ 13/14/15,5)

32
36
40
43
47

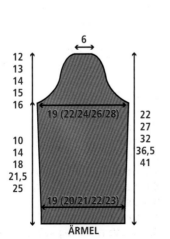

ÄRMEL

6

12
13
14
15
16

10
14
18
21,5
25

19 (22/24/26/28)

19 (20/21/22/23)

22
27
32
36,5
41

Strickjacke (Fortsetzung)

10 Jahre: In jeder 2. R 1 x 2 M, 10 x 1 M, nach weiteren 4 R 1 x 1 M und wieder in jeder 2. R 10 x 1 M und 1 x 2 M.

Nach 22 (27/32/36,5/41) cm ab Rippenbund die restlichen 16 M abketten. Den zweiten Ärmel ebenso arbeiten.

FERTIGSTELLUNG

Schulter- und Seitennähte schließen. Mit der Rundstricknadel aus dem Halsausschnitt von innen 67 (71/75/79/83) M auffassen und 1 Rück-R li M stricken, dann für die Blende 4 R Rippenmuster arbeiten, dabei die 1. R und alle folgenden Hin-R mit 2 M re beginnen und beenden. Anschließend für die Rüsche 4 R glatt re stricken, dabei in der 1. R wie folgt zunehmen: * 2 M re, 1 M re verschr aus dem Querfaden zunehmen, ab * stets wiederholen, enden mit 1 M re. Noch 4 R Rippenmuster stricken, dann alle M locker abketten, wie sie erscheinen.

Mit Nd Nr. 4 aus der Kante des linken Vorderteils 59 (67/73/79/87) M auffassen und 1 Rück-R re M stricken, dann 4 cm = 12 R im Rippenmuster arbeiten, dabei die 1. R und jede folgende Hin-R mit 2 M re beginnen und beenden. Anschließend 4 R glatt re stricken, dabei in der 1. R wie folgt zunehmen: * 2 M re, 1 M re verschr aus dem Querfaden zunehmen, ab * stets wiederholen, enden mit 1 M re. Noch 4 R Rippenmuster stricken, dann alle M locker abketten, wie sie erscheinen.

Rüschenblende am rechten Vorderteil ebenso arbeiten, dabei in der 7. R des Rippenmusters 5 Knopflöcher wie folgt einarbeiten: Jeweils 2 M abketten und in der folgenden R wieder neu anschlagen. Das 1. Knopfloch 4 (4/3/4/4) M ab Rand, die folgenden im Abstand von jeweils 10 (12/14/15/17) M arbeiten.

Jeweils 20 (21/22/23/24) cm Samtband mit unsichtbaren Stichen oberhalb des Rippenbunds auf die Ärmel nähen. Ärmelnähte schließen und die Ärmel einsetzen.

Restliches Samtband am Halsausschnitt auf den Kragenansatz nähen. Knöpfe annähen.

Pullunder

GRÖSSEN
2 Jahre (4 Jahre/6 Jahre/8 Jahre/10 Jahre)

MATERIAL
Wollmischgarn (LL 111 m/50 g): 100 (150/150/150/200) g Marineblau • Stricknadeln Nr. 3 und Nr. 3,5 • Rundstricknadel Nr. 3 • Zopfnadel • Häkelnadel Nr. 3

MUSTER UND ABNAHMEN
Rippenmuster: 2 M re, 2 M li im Wechsel, enden mit 2 M re.
Glatt rechts: Hin-R re M, Rück-R li M.
Zopfmuster: Nach Strickschrift auf Seite 13 stricken. Die 24 M der Strickschrift 1 x arbeiten. Die 1.–14. Reihe stets wiederholen.
Betonte Abnahmen:
Linke Schulterseite: Bis auf 14 M stricken, dann 2 M re zusammenstricken, 12 M Zopfmuster.
Rechte Schulterseite: 12 M Zopfmuster, 2 M überzogen zusammenstricken (= 1 M re abheben, 1 M re stricken und die abgehobene M über die gestrickte M ziehen).

MASCHENPROBEN
Glatt rechts mit Nadeln Nr. 3,5: 23 M und 30 R = 10 x 10 cm
24 M Zopfmuster mit Nadeln Nr. 3,5 = 6,5 cm breit

SO WIRD'S GEMACHT
Rückenteil
62 (70/78/82/90) M mit Nd Nr. 3 anschlagen und 5 cm im Rippenmuster stricken. Glatt re mit Nd Nr. 3,5 weiterarbeiten, dabei in der 1. R 2 (2/0/0/0) M zunehmen = 64 (72/78/82/90) M.
Nach 13 (15/17/19/22) cm ab Rippenmuster für die Armausschnitte beidseitig in jeder 2. R wie folgt abketten:
2 Jahre: 1 x 4 M, 1 x 3 M, 1 x 2 M und 2 x 1 M.
4 Jahre: 1 x 4 M, 1 x 3 M, 1 x 2 M und 3 x 1 M.
6 Jahre: 1 x 4 M, 1 x 3 M, 2 x 2 M und 2 x 1 M.
8 Jahre: 1 x 4 M, 1 x 3 M, 1 x 2 M und 3 x 1 M.
10 Jahre: 1 x 4 M, 2 x 3 M, 1 x 2 M und 2 x 1 M.
= 42 (48/52/58/62) M.
Nach 25 (29/33/36/40) cm ab Rippenmuster für die Schulterschrägungen beidseitig in jeder 2. R wie folgt abketten:
2 Jahre: 4 x 2 M.
4 Jahre: 3 x 2 M und 1 x 3 M.
6 Jahre: 2 x 2 M und 2 x 3 M.
8 Jahre: 4 x 3 M.
10 Jahre: 2 x 3 M und 2 x 4 M.
Gleichzeitig für den Halsausschnitt die mittleren 8 (12/14/16/16) M abketten und beide Seiten getrennt beenden, dabei am Halsausschnittrand in jeder 2. R 1 x 5 M und 1 x 4 M abketten.

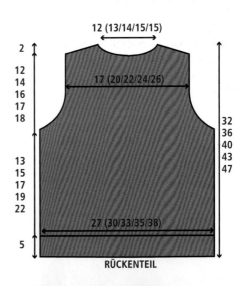

12 (13/14/15/15)

2

12
14
16
17
18

17 (20/22/24/26)

32
36
40
43
47

13
15
17
19
22

27 (30/33/35/38)

5

RÜCKENTEIL

Pullunder (Fortsetzung)

Vorderteil

62 (70/78/82/90) M mit Nd Nr. 3 anschlagen und 5 cm im Rippenmuster stricken. In der letzten Rück-R gleichmäßig verteilt 14 (14/12/12/12) M verteilt zunehmen = 76 (84/90/94/102) M.

Mit Nd Nr. 3,5 in folgender Einteilung weiterarbeiten: 26 (30/33/35/39) M glatt re, 24 M Zopfmuster, 26 (30/33/35/39) M glatt re.

Nach 13 (15/17/19/22) cm ab Rippenmuster für die Armausschnitte beidseitig in jeder 2. R wie folgt abketten:

2 Jahre: 1 x 4 M, 1 x 3 M, 1 x 2 M und 2 x 1 M.

4 Jahre: 1 x 4 M, 1 x 3 M, 1 x 2 M und 3 x 1 M.

6 Jahre: 1 x 4 M, 1 x 3 M, 2 x 2 M und 2 x 1 M.

8 Jahre: 1 x 4 M, 1 x 3 M, 1 x 2 M und 3 x 1 M.

10 Jahre: 1 x 4 M, 2 x 3 M, 1 x 2 M und 2 x 1 M.

= 54 (60/64/70/74) M.

Nach 15 (19/22/25/29) cm ab Rippenmuster für den Halsausschnitt die Arbeit teilen und beide Seiten über je 27 (30/32/35/37) M getrennt beenden, dabei die Zopfverkreuzungen weiterführen und für die Ausschnittschrägungen 13 (15/16/17/17) betonte Abnahmen wie auf Seite 11 beschrieben in folgender Verteilung arbeiten:

2 Jahre: * 2 x in jeder 2. R und 1 x in der 4. R je 1 M abnehmen, ab * noch 3 x wiederholen, dann 1 x in der 2. R 1 M abnehmen.

4 Jahre: * 3 x in jeder 2. R und 1 x in der 4. R je 1 M abnehmen, ab * noch 2 x wiederholen, dann 3 x in jeder 2. R je 1 M abnehmen.

6 Jahre: * 3 x in jeder 2. R und 1 x in der 4. R je 1 M abnehmen, ab * noch 2 x wiederholen, dann 4 x in jeder 2. R je 1 M abnehmen.

8 und 10 Jahre: * 5 x in jeder 2. R und 1 x in der 4. R je 1 M abnehmen, ab * noch 1 x wiederholen, dann 5 x in jeder 2. R je 1 M abnehmen

= je 14 (15/16/18/20) Schulter-M.

Nach 25 (29/33/36/40) cm ab Rippenmuster für die Schulterschrägungen beidseiitg ab Armausschnittrand in jeder 2. R wie folgt abketten:

2 Jahre: 2 x 3 und 2 x 4 M.

4 Jahre: 1 x 3 und 3 x 4 M.

6 Jahre: 4 x 4 M.

8 Jahre: 2 x 4 und 2 x 5 M.

10 Jahre: 4 x 5 M.

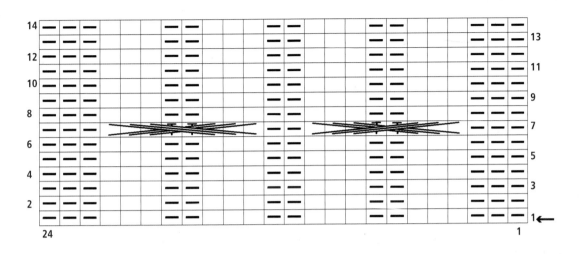

 = in Hin-R 1 M re, in Rück-R 1 M li

= in Hin-R 1 M li, in Rück-R 1 M re

= 8 M nach li verkreuzen: 3 M auf eine Zopf-Nd vor die Arbeit legen, 3 M re und 2 M li stricken, dann die 3 M der Zopf-Nd re stricken

= 8 M nach re verkreuzen: 5 M auf eine Zopf-Nd hinter die Arbeit legen, 3 M re stricken, dann die 5 M der Zopf-Nd mit 2 M li und 3 M re abstricken

FERTIGSTELLUNG

Schulternähte schließen. Mit der Rundstricknadel aus den Armausschnitt-kanten jeweils 54 (66/74/82/90) M auffassen und 1 Rück-R li M stricken. Dann 2 cm im Rippenmuster stricken, dabei die 2. R und alle geraden R mit 2 M re beginnen und beenden. Dann alle M abketten, wie sie erscheinen. Seitennähte und Nähte in den Ärmelblenden schließen.
Den rückwärtigen Halsausschnitt zur Festigung mit 1 R fM überhäkeln.

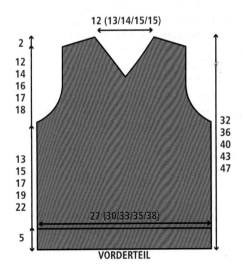

VORDERTEIL

Kleid

Ringelstreifen im Glatt-rechts-Grund,
von Rippenblenden eingerahmt.
Feineres Wollmischgarn.

Pullover

Glatt rechts, großes Perlmuster und
Strukturstreifen bieten Abwechslung
beim Stricken.
Praktisch: der Knopfverschluss
auf den Schultern.
Stärkeres Wollmischgarn.

Kleid

GRÖSSEN
4 Jahre (6 Jahre/8–10 Jahre)

MATERIAL
Wollmischgarn (LL 111 m/50 g): 150 (200/250) g Grau, 100 (100/100) g Dunkelblau • Stricknadeln Nr. 2,5 und Nr. 3 • eine 40 cm lange Rund-stricknadel Nr. 2,5.

MUSTER
Rippenmuster: 1 M re, 1 M li im Wechsel.
Glatt rechts: Hin-R re M, Rück-R li M.
Streifenfolge: * 4 R Grau, 2 R Dunkelblau, ab * stets wiederholen.

MASCHENPROBE
Glatt rechts in der Streifenfolge mit Nadeln Nr. 3: 25 M und 32 R = 10 x 10 cm

SO WIRD'S GEMACHT
Rückenteil
102 (112/124) M mit Nd Nr. 2,5 in Grau anschlagen und 8 cm im Rippenmuster stricken. Mit Nd Nr. 3 glatt re in der Streifenfolge weiter-stricken, dabei in der 1. R gleichmäßig verteilt 24 (26/28) M abnehmen = 78 (86/96) M.
Nach 25 (28,5/37) cm ab Rippenmuster für die Ärmel beidseitig in jeder 2. R 2 x 3 M und 1 x 4 M neu dazu anschlagen = 98 (106/116) M.
Nach 39 (44,5/54,5) cm ab Rippenmuster für die Schulterschrägungen beidseitig in jeder 2. R wie folgt abketten:
4 Jahre: 1 x 6 M und 3 x 7 M.
6 Jahre: 2 x 7 M und 2 x 8 M.
8–10 Jahre: 3 x 8 M und 1 x 9 M.
Gleichzeitig mit der 1. Schulterabnahme für den Halsausschnitt die mittleren 16 (18/22) M abketten und beide Seiten getrennt beenden. Für die Rundung am Ausschnittrand in jeder 2. R 2 x 7 M abketten.

Vorderteil
Wie das Rückenteil arbeiten, jedoch für den tieferen Halsausschnitt bereits nach 38 (42,5/52,5) cm ab Rippenmuster die mittleren 28 (28/30) M abketten und beide Seiten getrennt beenden. Für die Rundung am Ausschnittrand in jeder 2. R wie folgt abketten:
4 Jahre: 1 x 4 M, 1 x 3 M und 1 x 1 M.
6 Jahre: 1 x 4 M, 1 x 3 M und 2 x 1 M.
8–10 Jahre: 1 x 4 M, 1 x 3 M und 3 x 1 M.
Gleichzeitig nach 39 (44,5/54,5) cm ab Rippenmuster für die Schulter-schrägung jeweils ab Armausschnittkante in jeder 2. R wie folgt abketten:
4 Jahre: 1 x 6 M und 3 x 7 M.
6 Jahre: 2 x 7 M und 2 x 8 M.
8–10 Jahre: 3 x 8 M und 1 x 9 M.

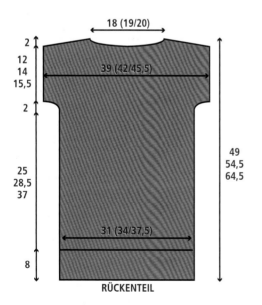

18 (19/20)

2
12
14
15,5

39 (42/45,5)

2

49
54,5
64,5

25
28,5
37

31 (34/37,5)

8

RÜCKENTEIL

FERTIGSTELLUNG

Schulternähte schließen. Mit der Rundstricknadel aus dem Halsausschnitt 116 (124/130) M in Grau auffassen und 1,5 cm Rippenmuster in Rd stricken. Dann die M abketten, wie sie erscheinen. Mit der Rundstricknadel aus den Ärmelkanten jeweils 78 (92/100) M in Grau auffassen und für die Blenden 2 cm im Rippenmuster in R stricken. Dann die M abketten, wie sie erscheinen.

Seitennähte und Nähte in den Ärmelblenden schließen.

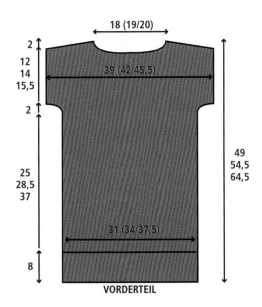

18 (19/20)

2
12
14
15,5

39 (42/45,5)

2

49
54,5
64,5

25
28,5
37

31 (34/37,5)

8

VORDERTEIL

Pullover

GRÖSSEN

2 Jahre (4 Jahre/6 Jahre/8 Jahre/10 Jahre)

MATERIAL

Stärkeres Wollmischgarn (LL 84 m/50 g): 250 (300/350/350/400) g Rubinrot • Stricknadeln Nr. 4,5 und Nr. 5 • eine 60 cm lange Rundstricknadel Nr. 4,5 • 6 Knöpfe

MUSTER

Rippenmuster: 2 M re, 2 M li im Wechsel.
Glatt rechts: Hin-R re M, Rück-R li M.
Glatt links: Hin-R li M, Rück-R re M.
Großes Perlmuster: 1 M re, 1 M li im Wechsel. Die M in jeder 2. R = in jeder Hin-R versetzen.

MASCHENPROBEN

Glatt rechts mit Nadeln Nr 5: 17 M und 25 R = 10 x 10 cm
Großes Perlmuster mit Nadeln Nr 5: 19 M und 25 R = 10 x 10 cm

SO WIRD'S GEMACHT

Rückenteil

58 (62/70/74/78) M mit Nd 4,5 anschlagen und 5 cm im Rippenmuster stricken, dabei die 1. R und alle folgenden Hin-R mit 2 M re beginnen und beenden. Glatt re mit Nd Nr. 5 weiterarbeiten, dabei in der 1. R 2 (2/0/0/2) M zunehmen = 60 (64/70/74/80) M.

Nach 9 (11/13/15/18) cm ab Rippenmuster beginnend mit 1 Hin-R 3 R glatt li, 3 R glatt re, 3 R glatt li und 1 Rück-R li M stricken, dann im großen Perlmuster weiterstricken, dabei zum Musterausgleich in der 1. R verteilt 8 M zunehmen = 68 (72/78/82/88) M.

Nach 17 (19/21/23/26) cm ab Rippenmuster in den Rand einen Kontrastfaden einziehen, um den Beginn der Armausschnitte zu kennzeichnen.

Nach 23 (25/27/29/32) cm ab Rippenmuster 1 Hin-R re M stricken, dabei 8 M verteilt abnehmen = 60 (64/70/74/80) M.

Danach 3 R glatt li, 3 R glatt re und 3 R glatt li stricken, dann glatt re weiterarbeiten.

◆

Nach 28 (32/36/39/43) cm ab Rippenmuster für den Halsausschnitt die mittleren 10 (12/14/16/16) M abketten und beide Seiten getrennt beenden. Am Ausschnittrand in jeder 2. R 2 x 5 M abketten = 15 (16/18/19/22) Schulter-M.

Nach 30 (34/38/41/45) cm ab Rippenmuster in den Rand einen Kontrastfaden einziehen, um den Beginn des Belegs zu kennzeichnen. Für den Knopfbeleg noch 2 cm glatt re stricken und nach 32 (36/40/43/47) cm ab Rippenmuster die Schulter-M abketten.

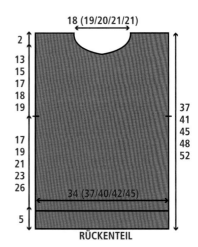

Vorderteil

Bis ♦ wie beim Rückenteil stricken.

Dann für den tieferen Halsausschnitt bereits nach 25 (29/32/35/39) cm ab Rippenmuster die mittleren 8 (10/12/14/14) M abketten und beide Seiten getrennt beenden, dabei am Ausschnittrand in jeder 2. R wie folgt abketten:

2 und 4 Jahre: 1 x 4 M, 1 x 3 M, 1 x 2 M und 2 x 1 M.

6, 8 und 10 Jahre: 1 x 4 M, 1 x 3 M, 1 x 2 M, 1 x 1 M, nach weiteren 4 R 1 x 1 M.

= je 15 (16/18/19/22) Schulter-M.

Nach 29 (33/37/40/44) cm ab Rippenmuster zwei Knopflöcher einarbeiten, dafür in der Hin-R jeweils 2 M abketten und diese in der Rück-R wieder neu anschlagen. Das 1. Knopfloch 4 (4/5/5/6) M ab Rand, das 2. im Abstand von 4 (5/6/7/8) M arbeiten.

Nach 30 (34/38/41/45) cm ab Rippenmuster die Schulter-M abketten.

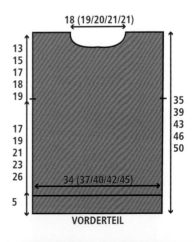

18 (19/20/21/21)

13
15
17
18
19

35
39
43
46
50

17
19
21
23
26

34 (37/40/42/45)

5

VORDERTEIL

Pullover (Fortsetzung)

Ärmel

34 (34/38/38/42) M mit Nd Nr. 4,5 anschlagen und 5 cm im Rippenmuster wie beim Rückenteil beschrieben stricken.

Dann 6 R glatt re mit Nd Nr. 5 stricken, dabei in der 1. R verteilt 0 (2/0/2/0) M zunehmen = 34 (36/38/40/42) M.

Dann 3 R glatt li, 3 R glatt re und 3 R glatt li stricken, danach beginnend mit 1 Rück-R glatt re weiterstricken.

Gleichzeitig ab Rippenmuster beidseitig 1 M ab Rand wie folgt zunehmen:

2 Jahre: In jeder 8. R 5 x 1 M.

4 Jahre: In jeder 8. R 2 x 1 M, dann in jeder 6. R 6 x 1 M.

6 Jahre: Nach 8 R 1 x 1 M, dann in jeder 6. R 9 x 1 M.

8 Jahre: In jeder 8. R 3 x 1 M, dann in jeder 6. R 8 x 1 M.

10 Jahre: In jeder 8. R 8 x 1 M, dann in jeder 6. R 3 x 1 M.

Nach 18,5 (23/27,5/31,5/35) cm ab Rippenmuster die 44 (52/58/62/64) M locker abketten.

Den zweiten Ärmel ebenso stricken.

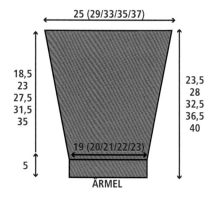

25 (29/33/35/37)

18,5
23
27,5
31,5
35

23,5
28
32,5
36,5
40

19 (20/21/22/23)

5

ÄRMEL

Halsausschnittblende

Mit der Rundstricknadel aus dem Halsausschnitt des Rückenteils 40 (40/44/48/48) M auffassen, 1 Rück-R re M und 3 cm = 10 R im Rippenmuster stricken, dabei die 2. R und alle weiteren Hin-R mit 3 M re beginnen und beenden. Dann die M abketten wie sie erscheinen.

Mit der Rundstricknadel aus dem Halsausschnitt des Vorderteils 52 (52/56/60/60) M auffassen und die Blende ebenso stricken, jedoch in der 6. R (= Hin-R) beidseitig 3 M vom Rand je ein Knopfloch über 2 M einarbeiten, dafür jeweils 2 M abketten und in der Rück-R wieder neu anschlagen.

FERTIGSTELLUNG

Die Schulterkanten des Vorderteils über 2 cm (= bis zur Markierung) auf die des Rückenteils legen und an der Außenkante mit unsichtbaren Stichen fixieren.

Die Ärmel zwischen den Kontrastfaden-Markierungen einsetzen. Seiten- und Ärmelnähte schließen. Knöpfe annähen.

❀ Schal

glatt rechts in drei Farben, mit Pompons.
Stärkeres Wollmischgarn.

Schal

GRÖSSEN
2–4 Jahre (6–10 Jahre)

MATERIAL
Stärkeres Wollmischgarn (LL 84 m/50 g): 100 (150) g Rubinrot, 100 (150) g Schwarz, 50 (100) g Creme • Stricknadeln Nr. 4,5

MUSTER
Glatt rechts: Hin-R re M, Rück-R li M.
Streifenfolge:
- * 2 R Rubinrot, 2 R Schwarz *, von * bis * 4 (5) x arbeiten = 16 (20) R
- je 4 R Rubinrot, Schwarz, Rubinrot, Schwarz, Creme, Rubinrot, Schwarz, Creme, Rubinrot, Schwarz = 40 R
- je 4 (6) R Rubinrot, Schwarz, Rubinrot, Schwarz, Creme, Rubinrot, Schwarz, Creme, Rubinrot, Schwarz = 40 (60) R
- je 8 (10) R Rubinrot, Schwarz, Creme, Schwarz, Rubinrot = 40 (50) R
- je 4 (6) R Rubinrot, Schwarz, Rubinrot, Schwarz, Creme, Rubinrot, Schwarz, Creme, Rubinrot, Schwarz = 40 (60) R
- je 4 R Rubinrot, Schwarz, Rubinrot, Schwarz, Creme, Rubinrot, Schwarz, Creme, Rubinrot, Schwarz = 40 R
- * 2 R Rubinrot, 2 R Schwarz *, von * bis * 4 (5) x arbeiten = 16 (20) R
- je 4 R Rubinrot, Schwarz, Rubinrot, Schwarz, Creme, Rubinrot, Schwarz, Creme, Rubinrot, Schwarz = 40 R

MASCHENPROBE
Glatt rechts in der Streifenfolge mit Nadeln Nr. 4,5: 18 M und 27 R = 10 x 10 cm

SO WIRD'S GEMACHT
48 M in Rubinrot mit Nd Nr. 4,5 anschlagen und glatt re in der Streifenfolge stricken.
Nach 100 (122) cm = 272 (330) R ab Anschlag alle M locker abketten.

FERTIGSTELLUNG
Längsseiten rechts auf rechts legen und Naht an der Anschlagkante und der Längskante schließen. Schal wenden. Naht an der Abkettkante mit verdeckten Stichen schließen. 6 Pompons (2 pro Farbe) mit ca. 4 cm Durchmesser anfertigen und an die Schal-Enden nähen.

6 Pullover

romantisch mit kurzen Ärmeln, Jabot und Rüschenband.
Lambswool-Mischgarn.

Tasche

mit Zopfmuster und Rippenbund.
Stärkeres Wollmischgarn.

6 Pullover

GRÖSSEN
2 Jahre (4 Jahre/6 Jahre/8 Jahre/10 Jahre)

MATERIAL
Lambswool-Mischgarn (LL 134 m/50 g): 150 (150/200/200/250) g Jeansblau, 50 (50/50/50/100) g Creme • Stricknadeln Nr. 2,5 und Nr. 3 • eine 40 cm lange Rundstricknadel Nr 2,5 • 3 Knöpfe • 32 (35/37/40/40) cm Rüschenband

MUSTER
Rippenmuster: 1 M re, 1 M li im Wechsel.
Glatt rechts: Hin-R re M, Rück-R li M.

MASCHENPROBE
Glatt rechts mit Nadeln Nr. 3: 26 M und 35 R = 10 x 10 cm

SO WIRD'S GEMACHT
Rückenteil
78 (88/94/98/106) M mit Nd Nr. 2,5 in Creme anschlagen und 5 cm im Rippenmuster stricken. Glatt re mit Nd Nr. 3 in Jeansblau weiterarbeiten. Nach 10 (12/14/16/19) cm ab Rippenmuster für die Armausschnitte beidseitig in jeder 2. R wie folgt abketten:

2 Jahre: 1 x 4 M, 1 x 3 M, 1 x 2 M und 3 x 1 M.
4, 6 und 8 Jahre: 1 x 4 M, 1 x 3 M, 2 x 2 M und 2 x 1 M.
10 Jahre: 1 x 4 M, 1 x 3 M, 2 x 2 M und 3 x 1 M.
= 54 (62/68/72/78) M.
Nach 22 (26/30/33/37) cm ab Rippenmuster für die Schulterschrägungen beidseitig in jeder 2. R wie folgt abketten:
2 Jahre: 2 x 2 M und 3 x 3 M.
4 Jahre: 5 x 3 M.
6 Jahre: 3 x 3 M und 2 x 4 M.
8 Jahre: 2 x 3 M und 3 x 4 M.
10 Jahre: 4 x 4 M und 1 x 5 M.
Gleichzeitig mit der 1. Schulterabnahme für den Halsausschnitt die mittleren 6 (10/12/14/14) M abketten und beide Seiten getrennt beenden. Für die Rundung am Ausschnittrand in jeder 2. R 2 x 4 M und 1 x 3 M abketten.

Vorderteil
78 (88/94/98/106) M mit Nd Nr. 2,5 in Creme anschlagen und 5 cm im Rippenmuster stricken. Glatt re mit Nd Nr. 3 in Jeansblau weiterarbeiten. Nach 9 (13/16/19/23) cm ab Rippenmuster für den Schlitz die mittleren 6 M abketten und beide Seiten getrennt beenden. Gleichzeitig nach 10 (12/14/16/19) cm ab Rippenmuster für die Armausschnitte beidseitig in jeder 2. R wie folgt abketten:

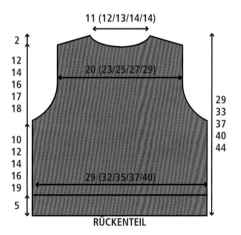

RÜCKENTEIL

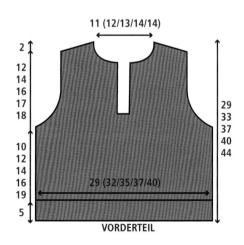

VORDERTEIL

2 Jahre: 1 x 4 M, 1 x 3 M, 1 x 2 M und 3 x 1 M.

4, 6 und 8 Jahre: 1 x 4 M, 1 x 3 M, 2 x 2 M und 2 x 1 M.

10 Jahre: 1 x 4 M, 1 x 3 M, 2 x 2 M und 3 x 1 M.

= 24 (28/31/33/36) M pro Schulterseite.

Nach 18 (22/25/28/32) cm ab Rippenmuster – der Schlitz ist 9 cm hoch – für den Halsausschnitt am Ausschnittrand wie folgt abketten:

2 Jahre: In jeder 2. R 1 x 3 M, 1 x 2 M, 3 x 1 M, dann in jeder 4. R 3 x 1 M.

4 Jahre: In jeder 2. R 1 x 3 M, 2 x 2 M, 4 x 1 M, dann in jeder 4. R 2 x 1 M.

6 Jahre: In jeder 2. R 2 x 3 M, 1 x 2 M, 2 x 1 M, dann in jeder 4. R 4 x 1 M.

8 und 10 Jahre: In jeder 2. R 1 x 4 M, 1 x 3 M, 1 x 2 M, 2 x 1 M, dann in jeder 4. R 4 x 1 M.

Gleichzeitig nach 22 (26/30/33/37) cm ab Rippenmuster für die Schulterschrägung in jeder 2. R wie folgt abketten:

2 Jahre: 2 x 2 M und 3 x 3 M.

4 Jahre: 5 x 3 M.

6 Jahre: 3 x 3 M und 2 x 4 M.

8 Jahre: 2 x 3 M und 3 x 4 M.

10 Jahre: 4 x 4 M und 1 x 5 M.

Ärmel

54 (60/64/70/74) M mit Nd Nr. 2,5 in Creme anschlagen und 4 cm im Rippenmuster stricken. Glatt re mit Nd. Nr. 3 in Jeansblau weiterarbeiten. Nach 6 cm ab Rippenmuster für die Armkugel beidseitig wie folgt abketten:

2 Jahre: 1 x 2 M, dann in jeder 4. R 2 x 1 M, nach weiteren 6 R 1 x 1 M, dann in jeder 4. R 2 x 1 M und 1 x 2 M.

4 Jahre: 1 x 2 M, dann in jeder 6. R 4 x 1 M und 1 x 2 M.

6 Jahre: 1 x 2 M, nach weiteren 6 R 1 x 1 M, dann in jeder 8. R 2 x 1 M und in jeder 6. R 1 x 1 M und 1 x 2 M.

8 Jahre: 1 x 2 M, nach weiteren 6 R 1 x 1 M, dann in jeder 8. R 3 x 1 M, nach weiteren 6 R 1 x 2 M.

10 Jahre: 1 x 2 M, dann in jeder 8. R 5 x 1 M.

Pullover (Fortsetzung)

Nach 14 (15/16/17/18) cm ab Rippenmuster die restlichen 36 (44/48/54/60) M abketten.
Den zweiten Ärmel ebenso stricken.

Halsausschnittblende

Schulternähte schließen.
Mit der Rundstricknadel aus dem Halsausschnitt ohne Schlitzkanten 101 (105/109/113/113) M in Creme auffassen und 2 cm im Rippenmuster stricken, dabei die 1. und alle weiteren Rück-R mit 2 M li beginnen und beenden. Dann alle M im Rippenmuster abketten.

Schlitzblenden

Mit der Rundstricknadel aus den Schlitzkanten und den Schmalkanten der Ausschnittblende jeweils 29 M in Creme auffassen und im Rippenmuster stricken, dabei die 1. und alle weiteren Rück-R mit 2 M li beginnen und beenden.
In die re Blende 3 Knopflöcher einstricken, dafür in der 5. R jeweils 2 M abketten und in der folgenden R wieder neu anschlagen. Das 1. Knopfloch 3 M ab Rand arbeiten, die folgenden jeweils im Abstand von 8 M. Nach 2 cm Blendenhöhe alle M im Rippenmuster abketten. Die Schmalkanten der Knopfleisten rechts über links an der waagerechten Schlitzkante annähen.

FERTIGSTELLUNG

Seiten- und Ärmelnähte schließen. Einen Faden am oberen Rand der Armkugel einziehen und diese über 6 cm einhalten. Die Ärmel einsetzen. Das Band mit verdeckten Stichen auf den Ansatz von Ausschnitt- und Schlitzblenden nähen. Knöpfe annähen.

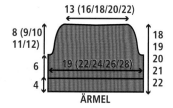

13 (16/18/20/22)

8 (9/10 11/12)

18
19
20
21
22

6

4

19 (22/24/26/28)

ÄRMEL

⚘ Tasche

GRÖSSE
32 x 28 cm

MATERIAL
Stärkeres Wollmischgarn (LL 76 m/50 g): 100 g Beigegrau • Stricknadeln Nr. 5 • Zopfnadel

MUSTER
Rippenmuster: 2 M re, 2 M li im Wechsel.
Zopfmuster: Nach der Strickschrift stricken. Die 15 M der Strickschrift 4 x arbeiten, mit den ersten 7 M enden. Die 1.–12. R stets wiederholen.

MASCHENPROBEN
Zopfmuster mit Nadeln Nr. 5: 15 M und 22 R = 7 x 10 cm

SO WIRD'S GEMACHT

67 M mit Nd Nr. 5 anschlagen und im Zopfmuster stricken.
Nach 15 cm ab Anschlag für den Bund im Rippenmuster weiterstricken dabei in der 1. R 1 M abnehmen und die 1. R und alle weiteren Hin-R mit 2 M re beginnen und beenden. Nach 14 cm Bundhöhe alle M locker im Rippenmuster abketten.

FERTIGSTELLUNG
Tasche rechts auf rechts legen, Boden- und Seitennaht schließen, dabei die oberen 8 cm der Seitennaht für den Umschlag offen lassen. Tasche wenden und die restlichen 8 cm der Naht auf der Außenseite schließen. Eine Kordel aus 2 x 3 Fäden von 90 cm (fertige Länge) drehen und beidseitig an die Tasche nähen. Eine weitere Kordel aus 2 x 2 Fäden von 100 cm (fertige Länge) drehen und unterhalb des Rippenmusters durch das Gestrick ziehen.

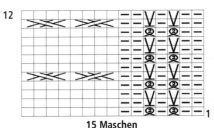

15 Maschen

☐ = in Hin-R 1 M re, in Rück-R 1 M li

— = in Hin-R 1 M li, in Rück-R 1 M re

② = 1 M in Hin-R re, in Rück-R li stricken, dabei den Faden 2 x um die Nadel wickeln. Den zusätzlichen Umschlag in der folgenden R fallen lassen und die M langziehen.

V = 1 M li abheben (Faden stets auf der Rückseite der Arbeit weiterführen)

⋝⋜ = 4 M nach li verkreuzen: 2 M auf eine Zopf-Nd vor die Arbeit legen, 2 M re, dann die M der Zopf-Nd re stricken

⋝⋜ = 4 M nach re verkreuzen: 2 M auf eine Zopf-Nd hinter die Arbeit legen, 2 M re, dann die M der Zopf-Nd re stricken

❂ 8 Mantel

mit Zöpfen, Rauten und
Persianermuster.
Stärkeres Wollmischgarn.

9 Pullover

mit zweifarbigem Rippenmuster
und breitem Schalkragen.
Baumwollmischgarn.

 # Mantel

GRÖSSEN
4 Jahre (6 Jahre/8 Jahre/10 Jahre)

MATERIAL
Wollmischgarn (LL 66 m/50 g): 550 (650/800/1000) g Hellrot • Strick-nadeln Nr. 5 und Nr. 5,5 • je eine kurze und lange Rundstricknadel Nr. 5 • 2 Zopfnadeln • 7 Knöpfe

MUSTER
Rippenmuster: 2 M re, 2 M li im Wechsel.
Glatt links: Hin-R li M, Rück-R re M.
Zopfmuster: Nach den Strickschriften auf Seite 35 und 36 stricken. Die M laut Text einteilen.
Persianermuster:
1. R (= Hin-R): Li M stricken.
2. R: * aus der folgenden M 3 M herausstricken (= 1 M re, 1 M li, 1 M re), 3 M li zusammenstricken, ab * stets wiederholen.
3. R: Li M stricken.
4. R: * 3 M li zusammenstricken, aus der folgenden M 3 M heraus-stricken, ab * stets wiederholen.
Die 1.–4. R stets wiederholen.

MASCHENPROBEN
Zopfmuster Rückenteil mit Nd Nr. 5,5: 56 M = 24,5 cm
Im Persianermuster mit Nd Nr. 5,5: 20 M = 10 cm
Im Mustermix mit Nd Nr. 5,5: 22 R = 10 cm

SO WIRD'S GEMACHT
Rückenteil
78 (86/90/102) M mit Nd Nr. 5 anschlagen und 3 cm im Rippenmuster stricken, dabei die 1. R und alle weiteren Hin-R mit 2 M li (2 M li/2 M re/2 M li) beginnen und beenden. Mit Nd Nr. 5,5 weiterarbeiten, dabei in der 1. R 0 (0/2/0) M zunehmen und die M wie folgt einteilen: Rand-M, 8 (12/16/20) M Persianermuster, 2 (2/1/2) M glatt li, 56 M Zopfmuster laut Strickschrift auf Seite 36, 2 (2/1/2) M glatt li, 8 (12/16/20) M Persi-anermuster, Rand-M = 78 (86/92/102) M.

Nach 30,5 (34/40/48) cm ab Rippenmuster für die Armausschnitte beidseitig in jeder 2. R wie folgt abketten:
4 Jahre: 1 x 4 M, 1 x 3 M, 2 x 2 M und 1 x 1 M.
6 Jahre: 1 x 4 M, 1 x 3 M, 2 x 2 M und 3 x 1 M.
8 Jahre: 1 x 4 M, 1 x 3 M, 3 x 2 M und 2 x 1 M.
10 Jahre: 1 x 4 M, 1 x 3 M, 3 x 2 M und 2 x 1 M.
= 54 (58/62/72) M.

Nach 45,5 (51/58/68) cm ab Rippenmuster für die Schulterschrägungen beidseitig in jeder 2. R wie folgt abketten:
4 Jahre: 1 x 5 M und 2 x 6 M.
6 Jahre: 3 x 6 M.
8 Jahre: 2 x 6 M und 1 x 7 M.
10 Jahre: 1 x 7 M und 2 x 8 M.

Gleichzeitig mit der 1. Schulterabnahme für den Halsausschnitt die mitt-leren 8 (8/10/10) M abketten und beide Seiten getrennt beenden. Für die Rundung am Ausschnittrand nach 2 R noch 1 x 6 M (1 x 7 M/1 x 7 M/1 x 8 M) abketten.

Rechtes Vorderteil

37 (41/43/49) M mit Nd Nr. 5 anschlagen und 3 cm im Rippenmuster stricken, dabei die 1. R und alle weiteren Hin-R mit 3 M re beginnen und mit 2 M li (2 M li/2 M re/2 M li) beenden.

Mit Nd Nr. 5,5 weiterarbeiten, dabei in der 1. R 1 (1/2/1) M zunehmen und die M wie folgt einteilen: 27 M Zopfmuster nach der Strickschrift auf Seite 35 unten, 2 (2/1/2) M glatt li, 8 (12/16/20) M Persianermuster, Rand-M = 38 (42/45/50) M.

Nach 30,5 (34/40/48) cm ab Rippenmuster für den Armausschnitt am linken Rand in jeder 2. R wie folgt abketten:

4 Jahre: 1 x 4 M, 1 x 3 M, 2 x 2 M und 1 x 1 M.

6 Jahre: 1 x 4 M, 1 x 3 M, 2 x 2 M und 3 x 1 M.

8 Jahre: 1 x 4 M, 1 x 3 M, 3 x 2 M und 2 x 1 M.

10 Jahre: 1 x 4 M, 1 x 3 M, 3 x 2 M und 2 x 1 M.
= 26 (28/30/35) M.

Nach 42,5 (47/54/63) cm ab Rippenmuster für den Halsausschnitt am rechten Rand in jeder 2. R wie folgt abketten:

4 Jahre: 2 x 3 M, 1 x 2 M und 1 x 1 M.

6 Jahre: 1 x 3 M, 2 x 2 M und 3 x 1 M.

8 Jahre: 1 x 4 M, 1 x 3 M, 1 x 2 M und 2 x 1 M.

10 Jahre: 1 x 4 M, 1 x 3 M, 1 x 2 M und 3 x 1 M.

Gleichzeitig nach 45,5 (51/58/68) cm ab Rippenmuster für die Schulterschrägung in jeder 2. R wie folgt abketten:

4 Jahre: 1 x 5 M und 2 x 6 M.

6 Jahre: 3 x 6 M.

8 Jahre: 2 x 6 M und 1 x 7 M.

10 Jahre: 1 x 7 M und 2 x 8 M.

Das linke Vorderteil gegengleich stricken, dazu nach dem Rippenmuster die M wie folgt einteilen: Rand-M, 8 (12/16/20) M Persianermuster, 2 (2/1/2) M glatt li, 27 M Zopfmuster nach der Strickschrift auf Seite 35 oben.

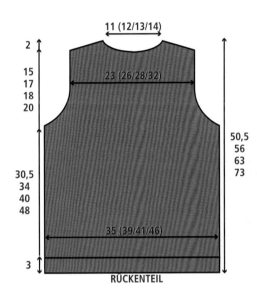

RÜCKENTEIL

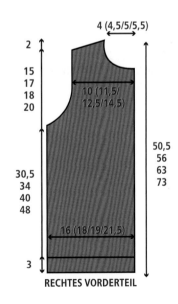

RECHTES VORDERTEIL

Mantel (Fortsetzung)

Ärmel

46 (50/50/54) M mit Nd Nr. 5 anschlagen und 5 cm im Rippenmuster stricken, dabei die 1. R und alle weiteren Hin-R mit 2 M re beginnen und beenden. In der letzten Rück-R mittig 1 M zunehmen (1 M abnehmen/1 M zunehmen/1 M zunehmen) = 47 (49/51/55) M.

Dann mit Nd Nr. 5,5 in folgender Einteilung weiterarbeiten: 1 (2/0/1) M glatt li, 12 (12/16/16) M Persianermuster, 2 (2/1/2) M glatt li, 17 Zopfmuster = die ersten 17 M der Strickschrift auf Seite 36 arbeiten, 2 (2/1/2) M glatt li, 12 (12/16/16) M Persianermuster, 1 (2/0/1) M glatt li.

Für die Ärmelschrägungen ab Rippenmuster beidseitig wie folgt zunehmen, dabei die Zunahmen zunächst glatt li stricken und später das Persianermuster erweitern:

4 Jahre: Nach 8 R 1 x 1 M und dann in jeder 10. R 2 x 1 M.
6 Jahre: Nach 8 R 1 x 1 M und dann in jeder 10. R 3 x 1 M.
8 Jahre: In jeder 8. R 3 x 1 M und dann in jeder 10. R 2 x 1 M.
10 Jahre: In jeder 10. R 2 x 1 M und dann in jeder 8. R 5 x 1 M.
= 53 (57/61/69) M.

Nach 17,5 (21,5/25/30,5) cm ab Rippenmuster für die Armkugel beidseitig in jeder 2. R wie folgt abketten:

4 Jahre: 1 x 3 M, 1 x 2 M, 10 x 1 M, 1 x 2 M und 1 x 3 M.
6 Jahre: 1 x 3 M, 2 x 2 M, 10 x 1 M, 1 x 2 M und 1 x 3 M.
8 Jahre: 1 x 3 M, 2 x 2 M, 10 x 1 M, 2 x 2 M und 1 x 3 M.
10 Jahre: 1 x 3 M, 3 x 2 M, 10 x 1 M, 3 x 2 M und 1 x 3 M.

Nach 30 (35/39,5/46,5) cm ab Rippenmuster die restlichen 13 M mustergemäß abketten.

Den zweiten Ärmel ebenso stricken.

Kragen

Schulternähte schließen.

Mit der kurzen Rundstricknadel aus dem Halsausschnitt 64 (72/76/80) M auffassen und 6 cm im Rippenmuster stricken, dabei die 1. R und alle weiteren Rück-R mit 3 M li beginnen und beenden. Dann alle M im Rippenmuster abketten.

Verschlussblenden

Mit der langen Rundstricknadel aus den Vorderteilkanten und den Schmalkanten von Bund und Kragen jeweils 96 (104/116/132) M auffassen und im Rippenmuster stricken, dabei die 1. R und alle weiteren Rück-R mit 3 M li beginnen und beenden. In die re Verschlussblende 7 Knopflöcher einarbeiten, dafür in der 5. R jeweils 2 M abketten und in der folgenden R wieder neu anschlagen. Das 1. Knopfloch 3 M ab Rand arbeiten, das folgende im Abstand von 6 M, alle weiteren jeweils im Abstand von 10 (12/14/17) M. Nach 3 cm Blendenhöhe alle M im Rippenmuster abketten.

FERTIGSTELLUNG

Seiten- und Ärmelnähte schließen. Die Ärmel einsetzen. Knöpfe annähen.

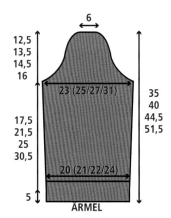

ÄRMEL

Linkes Vorderteil

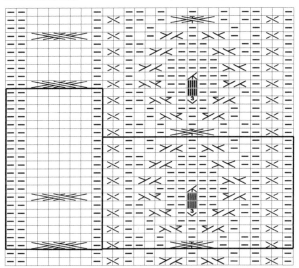

27 Maschen

In der Höhe die eingerahmten R stets wiederholen.

Rechtes Vorderteil

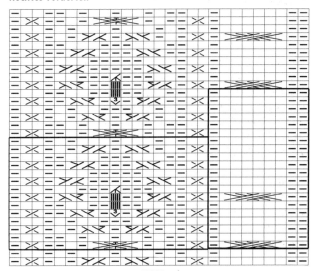

27 Maschen

In der Höhe die eingerahmten R stets wiederholen.

Zeichenerklärungen auf Seite 36

Mantel (Fortsetzung)

Mittelteil des Rückenteils

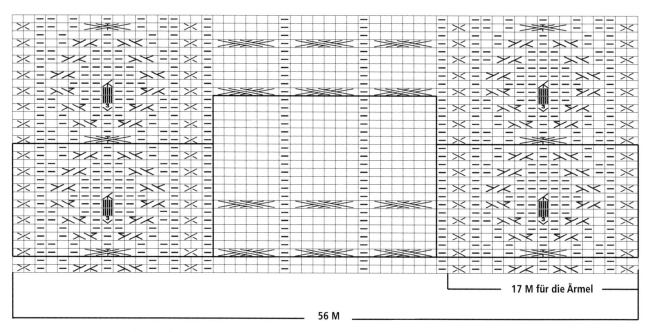

17 M für die Ärmel

56 M

☐ = in Hin-R 1 M re, in Rück-R 1 M li

— = in Hin-R 1 M li, in Rück-R 1 M re

⅜ = aus der folgenden M 3 M herausstricken (= 1 M re, 1 M li, 1 M re)

⋏ = 3 M re zusammenstricken

‖‖‖ = in Hin-R 3 M re, in Rück-R 3 M li

⟋⟍ = 2 M nach li verkreuzen: 1 M auf eine Zopf-Nd vor die Arbeit legen, 1 M re, dann die M der Zopf-Nd re stricken

⟍⟋ = 2 M nach re verkreuzen: 1 M auf eine Zopf-Nd hinter die Arbeit legen, 1 M re, dann die M der Zopf-Nd re stricken

⟍⟋⟍ = 3 M nach li verkreuzen: 2 M auf eine Zopf-Nd vor die Arbeit legen, 1 M re, dann die 2 M der Zopf-Nd re stricken

⟍⟋⟍ = 3 M nach re verkreuzen: 1 M auf eine Zopf-Nd hinter die Arbeit legen, 2 M re, dann die M der Zopf-Nd re stricken

⟍⟍⟋ = 3 M nach li verkreuzen: 2 M auf eine Zopf-Nd vor die Arbeit legen, 1 M li, dann die 2 M der Zopf-Nd re stricken

⟍⟍⟋ = 3 M nach re verkreuzen: 1 M auf eine Zopf-Nd hinter die Arbeit legen, 2 M re, dann die M der Zopf-Nd li stricken

≫≪ = 6 M nach li verkreuzen: 3 M auf eine Zopf-Nd vor die Arbeit legen, 3 M re, dann die 3 M der Zopf-Nd re stricken

≫≪ = 6 M nach re verkreuzen: 3 M auf eine Zopf-Nd hinter die Arbeit legen, 3 M re, dann die 3 M der Zopf-Nd re stricken

≫≪ = 5 M nach li verkreuzen: 2 M auf eine Zopf-Nd vor die Arbeit legen, die folgende M auf eine zweite Zopf-Nd hinter die Arbeit, 2 M re, die M der zweiten Zopf-Nd li, die 2 M der ersten Zopf-Nd re stricken

≫≪ = 5 M nach re verkreuzen: 3 M auf eine Zopf-Nd hinter die Arbeit legen, 2 M re, die 3. M der Zopf-Nd auf die linke Nd legen und hinter den 2 M der Zopf-Nd stricken, dann die 2 M der Zopf-Nd re stricken

❀ Pullover

GRÖSSEN
2 Jahre (4 Jahre/6 Jahre/8 Jahre/10 Jahre)

MATERIAL
Dickes Baumwollmischgarn (LL 40 m/50 g): 200 (250/300/300/350) g Creme, 300 (350/400/450/550) g Petrol • Stricknadeln Nr. 7 • eine 80 cm lange Rundstricknadel Nr. 7

MUSTER
Rippenmuster: 1 M re, 1 M li im Wechsel.
Gestreiftes Rippenmuster:
1.–2. R: Rippenmuster in Petrol, **3. R:** * 1 M re in Creme, 1 M li in Petrol, ab * stets wiederholen. **4. R:** M und Farben stricken, wie sie erscheinen. In der 3. und 4. R den unbenutzten Faden auf der Rückseite der Arbeit locker weiterführen! Die 1.–4. R stets wiederholen.

MASCHENPROBE
Gestreiftes Rippenmuster mit Nadeln Nr. 7: 14 M und 15 R = 10 x 10 cm

Pullover (Fortsetzung)

SO WIRD'S GEMACHT

Rückenteil

46 (52/56/58/62) M mit Nd Nr. 7 in Creme anschlagen und 4 cm im Rippenmuster stricken. Dann im gestreiften Rippenmuster weiterarbeiten.

Nach 25 (27/29/31/34) cm ab Anschlag in den Rand einen Kontrastfaden einziehen, um den Beginn der Armausschnitte zu kennzeichnen.

Nach 37 (41/45/48/52) cm ab Anschlag für die Schulterschrägungen beidseitig in jeder 2. R wie folgt abketten:

2 Jahre: 1 x 5 M und 2 x 6 M.

4 Jahre: 2 x 6 M und 1 x 7 M.

6 Jahre: 1 x 6 M und 2 x 7 M.

8 Jahre: 1 x 6 M und 2 x 7 M.

10 Jahre: 2 x 7 M und 1 x 8 M.

Nach 39 (43/47/50/54) cm ab Anschlag die restlichen 12 (14/16/18/18) M für den Halsausschnitt abketten.

Vorderteil

Wie das Rückenteil stricken, jedoch mit Halsausschnitt. Dafür nach 25 (27/29/31/34) cm ab Anschlag = mit Beginn der Armausschnitte die mittleren 12 (14/16/18/18) M abketten und beide Seiten getrennt beenden.

Nach 37 (41/45/48/52) cm ab Anschlag die Schulterschrägungen wie beim Rückenteil arbeiten.

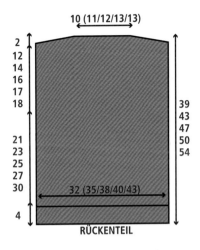

10 (11/12/13/13)

2
12
14
16
17
18

21
23
25
27
30

4

39
43
47
50
54

32 (35/38/40/43)

RÜCKENTEIL

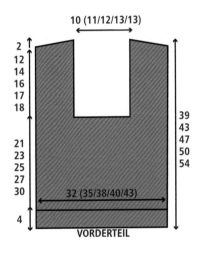

10 (11/12/13/13)

2
12
14
16
17
18

21
23
25
27
30

4

39
43
47
50
54

32 (35/38/40/43)

VORDERTEIL

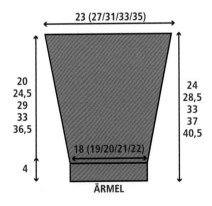

23 (27/31/33/35)

20
24,5
29
33
36,5

4

24
28,5
33
37
40,5

18 (19/20/21/22)

ÄRMEL

Ärmel

26 (28/30/32/34) M mit Nd Nr. 7 und Creme anschlagen und 4 cm im Rippenmuster stricken. Dann im gestreiften Rippenmuster weiterarbeiten. Für die Ärmelschrägungen ab Rippenbund beidseitig wie folgt zunehmen:

2 Jahre: In jeder 6. R 4 x 1 M.

4 Jahre: In jeder 6. R 4 x 1 M, dann in jeder 4. R 2 x 1 M.

6 Jahre: In jeder 6. R 4 x 1 M, dann in jeder 4. R 4 x 1 M.

8 Jahre: In jeder 6. R 7 x 1 M und nach weiteren 4 R 1 x 1 M.

10 Jahre: In jeder 6. R 7 x 1 M. dann in jeder 4. R 2 x 1 M.

= 34 (40/46/48/52) M.

Nach 24 (28,5/33/37/40,5) cm ab Anschlag die M locker abketten.

Den zweiten Ärmel ebenso stricken.

Kragen

Schulternähte schließen.

Mit der Rundstricknadel aus dem Halsausschnitt ohne vordere Abkettkante 53 (61/69/73/77) M in Creme auffassen und im Rippenmuster stricken, dabei die 1. R und allen weiteren Rück-R mit 2 M li beginnen und beenden. Nach 10 (11/12/13/13) cm Kragenhöhe alle M im Rippenmuster abketten.

FERTIGSTELLUNG

Die Ärmel zwischen den Kontrastfaden-Markierungen einsetzen. Seitenund Ärmelnähte schließen.

Die Schmalkanten des Kragens rechts über links an der waagerechten vorderen Halsausschnittkante annähen.

10 Pullover

glatt rechts mit Jacquardmotiv
und Streifenoptik, Bündchen
und Blende im
Rippenmuster.
Lambswool-Mischgarn.

🍀 Pullover

gestreifter Glatt-links-Grund mit
V-Ausschnitt und Knopfleiste,
alle Bündchen in unifarbenem
Rippenmuster.
Wollmischgarn.

Pullover

GRÖSSEN
2 Jahre (4 Jahre/6 Jahre/8 Jahre/10 Jahre)

MATERIAL
Lambswool-Mischgarn (LL 134 m/50 g): 150 (200/200/250/250) g Dunkelgrau; 50 g Zartblau, 50 (100/100/100/100) g Mint • Stricknadeln Nr. 2,5 und Nr. 3 • eine 40 cm lange Rundstricknadel Nr. 2,5

MUSTER
Rippenmuster: 1 M re, 1 M li im Wechsel.
Glatt rechts: Hin-R re M, Rück-R li M.
Streifenfolge: 3 R Mint, 3 R Zartblau, 8 R Dunkelgrau, 3 R Mint, 3 R Zartblau = 20 R insgesamt.
Jacquardmuster: Nach Zählmuster auf Seite 44 glatt re stricken. Gezeichnet ist das ganze Motiv mit Hin- und Rück-R. Den unbenutzten Faden auf der Rückseite der Arbeit weiterführen. In der 11.–27. R die mintfarbenen Flächen mit getrennten Knäueln arbeiten und beim Farbwechsel die Fäden verkreuzen.

MASCHENPROBEN
Glatt rechts und im Jacquardmuster mit Nd Nr. 3: 26 M und 35 R = 10 x 10 cm

SO WIRD'S GEMACHT
Rückenteil
90 (98/106/112/120) M mit Nd Nr. 2,5 in Mint anschlagen und 5 cm im Rippenmuster stricken. Glatt re mit Nd Nr. 3 und Dunkelgrau weiterarbeiten.
Nach 1,5 cm ab Rippenmuster 20 R glatt re in der Streifenfolge stricken, danach wieder glatt re in Dunkelgrau arbeiten. ◆
Nach 17 (19/21/23/26) cm ab Rippenmuster für die Armausschnitte für alle Größen beidseitig in jeder 2. R 1 x 3 M, 2 x 2 M und 2 x 1 M abketten = 72 (80/88/94/102) M.
Nach 30 (34/38/41/45) cm ab Rippenmuster für die Schulterschrägungen beidseitig in jeder 2. R wie folgt abketten:
2 Jahre: 2 x 4 M und 2 x 5 M.
4 Jahre: 4 x 5 M.
6 Jahre: 1 x 5 M und 3 x 6 M.
8 Jahre: 3 x 6 M und 1 x 7 M.
10 Jahre: 3 x 7 M und 1 x 8 M.
Gleichzeitig mit der 1. Schulterabnahme für den Halsausschnitt die mittleren 12 (16/18/20/20) M abketten und beide Seiten getrennt beenden. Für die Rundung am Ausschnittrand in jeder 2. R 2 x 6 M abketten.

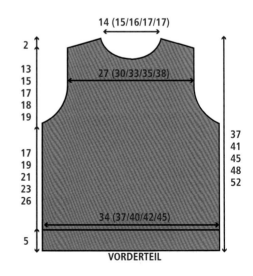

RÜCKENTEIL

VORDERTEIL

Vorderteil

Bis ◆ wie beim Rückenteil stricken.

Nach 10 (12/14/16/19) cm ab Rippenmuster über den mittleren 54 M im Jacquardmuster stricken, beidseitig davon weiter in Dunkelgrau.

Die Armausschnitte wie beim Rückenteil arbeiten.

= 72 (80/88/94/102) M.

Nach der letzten R des Zählmusters glatt re mit Dunkelgrau weiterarbeiten.

Nach 27 (31/34/37/41) cm ab Rippenmuster für den Halsausschnitt die mittleren 10 (14/16/18/18) M abketten und beide Seiten getrennt beenden, dabei für die Rundung am Ausschnittrand wie folgt abketten:

2 und 4 Jahre: In jeder 2. R 1 x 4 M, 1 x 3 M, 2 x 2 M, 1 x 1 M, nach weiteren 4 R 1 x 1 M.

6, 8 und 10 Jahre: In jeder 2. R 1 x 4 M, 1 x 3 M, 1 x 2 M, 2 x 1 M, dann in jeder 4. R 2 x 1 M.

Gleichzeitig nach 30 (34/38/41/45) cm ab Rippenmuster die Schulterschrägungen wie beim Rückenteil arbeiten.

Ärmel

52 (54/56/60/62) M mit Nd Nr. 2,5 in Mint anschlagen und 5 cm im Rippenmuster stricken. Glatt re mit Nd Nr. 3 und Dunkelgrau weiterarbeiten, dabei beidseitig 1 M vom Rand wie folgt zunehmen:

2 Jahre: In jeder 8. R 2 x 1 M, dann in jeder 6. R 6 x 1 M.
4 Jahre: In jeder 6. R 11 x 1 M, nach weiteren 4 R 1 x 1 M.
6 Jahre: In jeder 6. R 9 x 1 M, dann in jeder 4. R 7 x 1 M.
8 Jahre: In jeder 6. R 16 x 1 M, nach weiteren 4 R 1 x 1 M.
10 Jahre: Nach 8 R 1 x 1 M, dann in jeder 6. R 17 x 1 M.
= 68 (78/88/94/98) M.

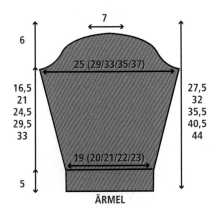

7

6

25 (29/33/35/37)

16,5
21
24,5
29,5
33

27,5
32
35,5
40,5
44

19 (20/21/22/23)

5

ÄRMEL

Pullover (Fortsetzung)

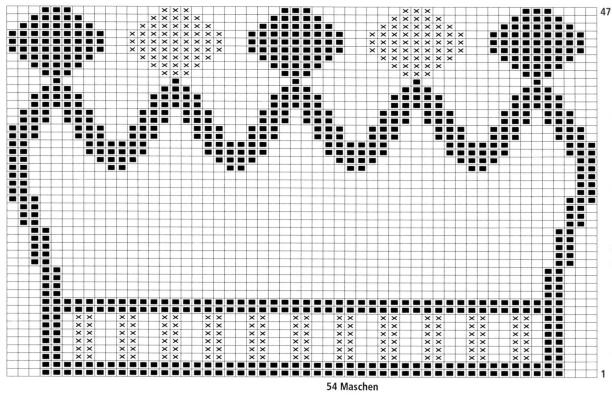

47

1

54 Maschen

| Dunkelgrau | ■ Mint | ✕ Zartblau |

Gleichzeitig nach 12 (16,5/20/25/28,5) cm ab Rippenmuster 20 R glatt re in der Streifenfolge stricken, danach wieder glatt re mit Dunkelgrau arbeiten.

Nach 16,5 (21/24,5/29,5/33) cm ab Rippenmuster für die Armkugel beidseitig in jeder 2. R wie folgt abketten:

2 Jahre: 2 x 3 M, 3 x 2 M, 2 x 1 M, 2 x 2 M und 2 x 3 M.

4 Jahre: 1 x 4 M, 2 x 3 M, 5 x 2 M und 3 x 3 M.

6 Jahre: 2 x 4 M, 2 x 3 M, 3 x 2 M, 2 x 3 M und 2 x 4 M.

8 Jahre: 1 x 5 M, 2 x 4 M, 1 x 3 M, 3 x 2 M, 2 x 3 M 1 x 4 M und 1 x 5 M.

10 Jahre: 1 x 5 M, 2 x 4 M, 2 x 3 M, 2 x 2 M, 1 x 3 M, 2 x 4 M und 1 x 5 M.

Nach 22,5 (27/30,5/35,5/39) cm ab Rippenmuster die restlichen 20 M abketten.

Den zweiten Ärmel ebenso stricken.

Halsausschnittblende

Schulternähte schließen.

Mit der Rundstricknadel aus dem Halsausschnitt 112 (116/120/124/124) M in Mint auffassen, 1 Rd li M und 3 cm im Rippenmuster in Rd stricken. Dann die M im Rippenmuster abketten.

FERTIGSTELLUNG

Seiten- und Ärmelnähte schließen. Die Ärmel einsetzen.

Pullover

GRÖSSEN

2 Jahre (4 Jahre/6 Jahre/8 Jahre/10 Jahre)

MATERIAL

Wollmischgarn (LL 84 m/50 g): 150 (150/200/200/250) g Anthrazit, 100 (150/150/150/200) g Petrol • Stricknadeln Nr. 3 und Nr. 3,5 • eine 80 cm lange Rundstricknadel Nr. 3,5 • 5 Knöpfe

MUSTER

Rippenmuster: 1 M re, 1 M li im Wechsel.

Glatt links in der Streifenfolge: Auf der Rundstricknadel in R stricken, dabei die M zum jeweils benötigten Arbeitsfaden schieben.
1 Hin-R li M in Anthrazit, 1 Hin-R li M in Petrol, wenden, 1 Rück-R re M in Anthrazit, 1 Rück-R re M in Petrol, wenden. Diese 4 R stets wiederholen.

MASCHENPROBE

Glatt links in der Streifenfolge mit Nadeln Nr. 3,5: 19 M und 27 R = 10 x 10 cm

Pullover (Fortsetzung)

SO WIRD'S GEMACHT

Rückenteil

58 (62/68/72/78) M mit Nd Nr. 3 in Anthrazit anschlagen und 5 cm im Rippenmuster stricken.

Zur Rundstricknadel wechseln und glatt li in der Streifenfolge weiterarbeiten.

Nach 18 (20/22/24/27) cm ab Rippenmuster für die Armausschnitte beidseitig in jeder 2. R wie folgt abketten:

2 Jahre: 1 x 3 M, 1 x 2 M und 1 x 1 M.

4 Jahre: 2 x 2 M und 1 x 1 M.

6 und 8 Jahre: 1 x 3 M, 1 x 2 M und 1 x 1 M.

10 Jahre: 1 x 3 M, 2 x 2 M und 1 x 1 M.

= 46 (52/56/60/62) M.

Nach 33 (37/41/44/48) cm ab Rippenmuster für die Schulterschrägungen beidseitig in jeder 2. R wie folgt abketten:

2 Jahre: 1 x 2 M und 3 x 3 M.

4 Jahre: 3 x 3 M und 1 x 4 M.

6 Jahre: 2 x 3 M und 2 x 4 M.

8 Jahre: 1 x 3 M und 3 x 4 M.

10 Jahre: 4 x 4 M.

Gleichzeitig mit der 1. Schulterabnahme für den Halsausschnitt die mittleren 8 (10/12/14/14) M abketten und beide Seiten getrennt beenden. Für die Rundung am Ausschnittrand in jeder 2. R 2 x 4 M abketten.

Vorderteil

Wie das Rückenteil stricken, jedoch mit Schlitz und tieferem Halsausschnitt.

Dafür nach 15 (19/22/25/29) cm ab Rippenmuster die mittleren 6 M abketten und beide Seiten getrennt beenden. Gleichzeitig nach 18 (20/22/24/27) cm ab Rippenmuster die Armausschnitte wie beim Rückenteil arbeiten = 20 (23/25/27/28) M pro Schulterseite.

Nach 22 (26/29/32/36) cm ab Rippenmuster für den Halsausschnitt am inneren Rand wie folgt abketten:

2 Jahre: In jeder 2. R 2 x 1 M, dann in jeder 4. R 7 x 1 M.

4 Jahre: In jeder 2. R 4 x 1 M, dann in jeder 4. R 6 x 1 M.

6 Jahre: In jeder 2. R 5 x 1 M, dann in jeder 4. R 6 x 1 M.

8 und 10 Jahre: In jeder 2. R 7 x 1 M, dann in jeder 4. R 5 x 1 M.

= 11 (13/14/15/16) Schulter-M.

Nach 33 (37/41/44/48) cm ab Rippenmuster die Schulterschrägungen wie beim Rückenteil arbeiten.

Ärmel

40 (42/44/46/50) M mit Nd Nr. 3 in Anthrazit anschlagen und 5 cm im Rippenmuster stricken.

Zur Rundstricknadel wechseln und glatt li in der Streifenfolge weiterarbeiten. Für die Ärmelschrägungen ab Bund beidseitig 1 M vom Rand wie folgt zunehmen:

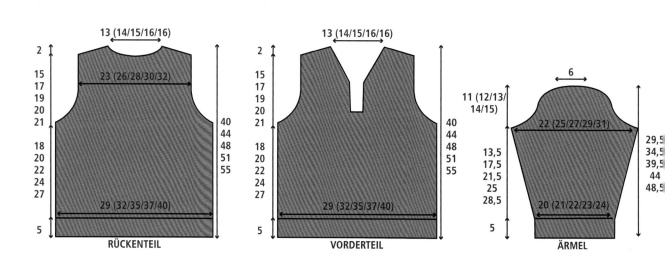

RÜCKENTEIL   VORDERTEIL   ÄRMEL

2 Jahre: In jeder 12. R 2 x 1 M.

4 Jahre: In jeder 10. R 4 x 1 M.

6 Jahre: In jeder 10. R 5 x 1 M.

8 Jahre: In jeder 10. R 6 x 1 M.

10 Jahre: In jeder 14. R 2 x 1 M, dann in jeder 12. R 3 x 1 M.

= 44 (50/54/58/60) M.

Nach 13,5 (17,5/21,5/25/28,5) cm ab Rippenmuster für die Armkugel beidseitig wie folgt abketten:

2 Jahre: In jeder 2. R 1 x 2 M und 5 x 1 M, in jeder 4. R 2 x 1 M, dann in jeder 2. R 4 x 1 M und 1 x 2 M.

4 Jahre: In jeder 2. R 2 x 2 M und 4 x 1 M, in jeder 4. R 2 x 1 M, dann in jeder 2. R 4 x 1 M und 2 x 2 M.

6 Jahre: In jeder 2. R 2 x 2 M und 5 x 1 M, in jeder 4. R 2 x 1 M, dann in jeder 2. R 5 x 1 M und 2 x 2 M.

8 Jahre: In jeder 2. R 2 x 2 M und 7 x 1 M, nach 4 R 1 x 1 M, dann in jeder 2. R 6 x 1 M und 2 x 2 M.

10 Jahre: In jeder 2. R 3 x 2 M und 4 x 1 M, in jeder 4. R 3 x 1 M, dann in jeder 2. R 4 x 1 M und 3 x 2 M.

Nach 24,5 (29,5/34,5/39/43,5) cm ab Rippenmuster die restlichen 14 M abketten.

Den zweiten Ärmel ebenso stricken.

Halsausschnittblende

7 M mit Nd Nr. 3 in Anthrazit anschlagen und im Rippenmuster stricken, dabei alle Hin-R mit 2 M re beginnen und beenden. Nach 1,5 cm ab Anschlag für das 1. Knopfloch in der folgenden Hin-R 2 M re, 1 M li, 1 Umschlag, 2 M li zusammenstricken und 2 M re arbeiten; den Umschlag in der Rück-R li stricken. Die folgenden 2 Knopflöcher im Abstand von 1,5 cm ebenso arbeiten. Nach 55 (56/59/60/60) cm ab Anschlag alle M abketten.

FERTIGSTELLUNG

Schulter-, Seiten- und Ärmelnähte schließen. Die Ärmel einsetzen. Die Halsausschnittblende mit der re Längskante an Schlitz- und Halsausschnittkanten nähen, dabei die Enden an der unteren Schlitzkante links über rechts annähen. Knöpfe laut Foto annähen.

12 Tunikakleid

glatt rechts im zweifarbigen Streifenlook.
Eine Kordel ziert das Vorderteil.
Wollmischgarn.

Mütze

t Ohrenklappen und Pompon-Kordeln.
ollmischgarn.

49

Tunikakleid

GRÖSSEN

2 Jahre (4 Jahre/6 Jahre/8 Jahre/10 Jahre)

MATERIAL

Wollmischgarn (LL 111 m/50 g): 100 (150/200/200/250) g Rotviolett, 100 (150/200/200/250) g Lila • Stricknadeln Nr. 2,5 und Nr. 3 • eine 40 cm lange Rundstricknadel Nr 2,5 • Strickliesel

MUSTER

Rippenmuster: 1 M re, 1 M li im Wechsel.
Glatt rechts: Hin-R re M, Rück-R li M.
Streifenfolge Rücken- und Vorderteil:
* 2 R Rotviolett, 2 R Lila, ab * noch 2 (4/6/9/11) x wiederholen = 12 (20/28/40/48) R
** 6 R Rotviolett, 6 R Lila, ab ** noch 1 x wiederholen = 24 R
14 (16/16/18/18) R Rotviolett
*** 8 R Lila, 8 R Rotviolett, ab *** noch 2 x wiederholen = 48 R
danach in Rotviolett weiterstricken.
Streifenfolge Ärmel:
* 2 R Rotviolett, 2 R Lila, ab * noch 2 (2/5/7/7) x wiederholen = 12 (12/24/32/32) R
** 6 R Rotviolett, 6 R Lila, ab ** noch 2 x wiederholen = 36 R
*** 8 R Rotviolett, 8 R Lila, ab *** stets wiederholen.

MASCHENPROBE

Glatt rechts in der Streifenfolge mit Nadeln 3,5: 23 M und 30 R = 10 x 10 cm

SO WIRD'S GEMACHT

Rückenteil

72 (78/84/90/96) M mit Nd Nr. 2,5 in Lila anschlagen und 5 cm = 15 R im Rippenmuster arbeiten, dann 1 Rück-R li M stricken.
Mit Nd Nr. 3 glatt re in der Streifenfolge weiterarbeiten, dabei für die Taillierung beidseitig jeweils 1 M vom Rand wie folgt abnehmen:
2 Jahre: In jeder 6. R 5 x 1 M, nach weiteren 4 R 1 x 1 M.
4 Jahre: In jeder 8. R 2 x 1 M, dann in jeder 6. R 4 x 1 M.
6 Jahre: In jeder 8. R 5 x 1 M, nach weiteren 6 R 1 x 1 M.
8 Jahre: In jeder 10. R 4 x 1 M, dann in jeder 8. R 2 x 1 M.
10 Jahre: Nach 12 R 1 x 1 M, dann in jeder 10. R 5 x 1 M.
= 60 (66/72/78/84) M. Ohne Abnahmen weiterstricken.
Nach 17,5 (24,5/28/34/39,5) cm = 52 (74/84/102/116) R ab Rippenmuster = nach 2 R Lila (6 R Rotviolett/8 R Rotviolett/4 R Lila/2 R Rotviolett) für die Armausschnitte beidseitig in jeder 2. R wie folgt abketten:
2, 4 und 6 Jahre: 1 x 3 M, 1 x 2 M und 1 x 1 M.
8 Jahre: 1 x 3 M, 1 x 2 M und 2 x 1 M.
10 Jahre: 1 x 3 M, 2 x 2 M und 1 x 1 M.
= 48 (54/60/64/68) M.
Nach 27,5 (36,5/42/49/55,5) cm ab Rippenmuster für die Schulterschrägungen beidseitig in jeder 2. R wie folgt abketten:
2 Jahre: 2 x 2 M und 2 x 3 M.
4 Jahre: 4 x 3 M.
6 Jahre: 2 x 3 M und 2 x 4 M.
8 Jahre: 1 x 3 M und 3 x 4 M.
10 Jahre: 3 x 4 M und 1 x 5 M.
Gleichzeitig mit der 1. Schulterabnahme für den Halsausschnitt die mittleren 8 (10/12/14/14) M abketten und beide Seiten getrennt beenden.
Für die Rundung am Ausschnittrand in jeder 2. R 2 x 5 M abketten.

Vorderteil

Wie das Rückenteil stricken, jedoch für den tieferen Halsausschnitt bereits nach 25,5 (34,5/39/46/52,5) cm ab Rippenmuster die mittleren 6 (8/10/12/12) M abketten, und beide Seiten getrennt beenden. Für die Rundung am Ausschnittrand wie folgt abketten:

2 und 4 Jahre: In jeder 2. R 1 x 4 M, 1 x 3 M, 1 x 2 M und 2 x 1 M.

6, 8 und 10 Jahre: In jeder 2. R 1 x 4 M, 1 x 3 M, 1 x 2 M, 1 x 1 M und nach 4 R 1 x 1 M.

Nach 27,5 (36,5/42/49/55,5) cm ab Rippenmuster die Schulterschrägungen wie beim Rückenteil arbeiten.

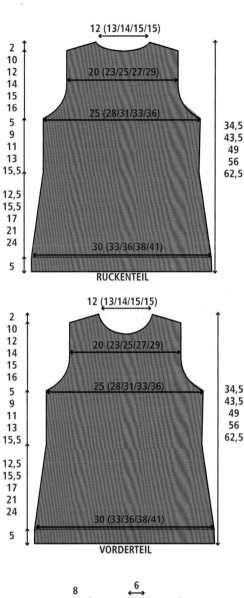

12 (13/14/15/15)

2
10
12
14
15
16
5
9
11
13
15,5

20 (23/25/27/29)

25 (28/31/33/36)

34,5
43,5
49
56
62,5

12,5
15,5
17
21
24

30 (33/36/38/41)

5

RÜCKENTEIL

12 (13/14/15/15)

2
10
12
14
15
16
5
9
11
13
15,5

20 (23/25/27/29)

25 (28/31/33/36)

34,5
43,5
49
56
62,5

12,5
15,5
17
21
24

30 (33/36/38/41)

5

VORDERTEIL

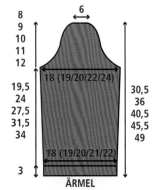

8
9
10
11
12

6

18 (19/20/22/24)

19,5
24
27,5
31,5
34

30,5
36
40,5
45,5
49

18 (19/20/21/22)

3

ÄRMEL

51

Ärmel

44 (46/48/50/52) M mit Nd Nr. 2,5 in Lila anschlagen und 3 cm = 9 R im Rippenmuster arbeiten, dann 1 Rück-R li M stricken. Mit Nd Nr. 3 glatt re in der Streifenfolge weiterstricken, dabei wie folgt zunehmen:

2, 4 und 6 Jahre: Ohne Zunahmen hochstricken.

8 Jahre: Nach 48 R beidseitig 1 x 1 M zunehmen.

10 Jahre: In jeder 26. R beidseitig 3 x 1 M zunehmen.

= 44 (46/48/52/58) M.

Nach 19,5 (24/27,5/31,5/34) cm = 58 (70/84/96/102) R ab Rippenmuster = nach 2 R Lila (6 R Rotviolett/8 R Rotviolett/4 R Lila/2 R Rotviolett) für die Armkugel beidseitig wie folgt abketten:

2 Jahre: In jeder 2. R 2 x 2 M und 3 x 1 M, nach 4 R 1 x 1 M, dann in jeder 2. R 3 x 1 M und 2 x 2 M.

4 Jahre: In jeder 2. R 2 x 2 M und 3 x 1 M, in jeder 4. R 2 x 1 M, dann in jeder 2. R 3 x 1 M und 2 x 2 M.

6 Jahre: In jeder 2. R 2 x 2 M und 4 x 1 M, in jeder 4. R 2 x 1 M, dann in jeder 2. R 3 x 1 M und 2 x 2 M.

8 Jahre: In jeder 2. R 2 x 2 M und 5 x 1 M, in jeder 4. R 2 x 1 M, dann in jeder 2. R 4 x 1 M und 2 x 2 M.

10 Jahre: In jeder 2. R 3 x 2 M und 5 x 1 M, nach 4 R 1 x 1 M, dann in jeder 2. R 6 x 1 M und 2 x 2 M.

Nach 27,5 (33/37,5/42,5/46) cm ab Rippenmuster die restlichen 14 M abketten.

Den zweiten Ärmel ebenso stricken.

Halsausschnittblende

Schulternähte schließen.

Mit der Rundstricknadel aus dem Halsausschnitt 78 (82/86/90/90) M in Lila auffassen, 1 Rd li M und 3 cm im Rippenmuster in Rd stricken. Dann alle M im Rippenmuster abketten.

FERTIGSTELLUNG

Seiten- und Ärmelnähte schließen. Die Ärmel einsetzen, gleiche Farbstreifen treffen aufeinander. Mit der Strickliesel eine ca. 90 cm lange Kordel in Rotviolett anfertigen, in Taillenhöhe in der vorderen Mitte durch das Gestrick ziehen und zur Schleife binden.

Mütze

GRÖSSEN
2–4 Jahre (6–8 Jahre/10 Jahre)

MATERIAL
Wollmischgarn (LL 111 m/50 g): 100 g Rotviolett • Stricknadeln Nr. 3 und Nr. 3,5 • eine 80 cm lange Rundstricknadel Nr. 3 • Strickliesel

MUSTER
Rippenmuster: 1 M re, 1 M li im Wechsel.
Glatt rechts: Hin-R re M, Rück-R li M.

MASCHENPROBE
Glatt rechts mit Nadeln Nr. 3,5: 23 M und 30 R = 10 x 10 cm

SO WIRD'S GEMACHT
Mit den Ohrenklappen beginnen.
5 M mit Nd Nr. 3,5 anschlagen und glatt re stricken, dabei beidseitig in jeder 2. R 1 x 2 M und 8 x 1 M zunehmen = 25 M. Die M stilllegen.
Die zweite Ohrenklappe ebenso arbeiten.

Mütze
12 (13/14) M mit Nd Nr. 3,5 anschlagen, die stillgelegten 25 M der ersten Ohrenklappe dazunehmen, 34 (35/37) M dazu anschlagen, die stillgelegten 25 M der zweiten Ohrenklappe dazunehmen und 12 (13/14) M dazu anschlagen = 108 (111/115) M.
Über alle M glatt re in R stricken.
Nach 10 (11/12) cm ab Anschlag 12 M abnehmen, dabei die Überzüge wie folgt arbeiten: 1 M re abheben, 1 M re stricken und die abgehobene M darüberziehen.
2–4 Jahre: 7 M re, 1 Überzug, * 2 M re zusammenstricken, 14 M re, 1 Überzug, ab * noch 4 x wiederholen, 2 M re zusammenstricken, 7 M re.
6–8 Jahre: 8 M re, 1 Überzug, * 2 M re zusammenstricken, 14 M re, 1 Überzug, ab * noch 4 x wiederholen, 2 M re zusammenstricken und 9 M re.
10 Jahre: 8 M re, 1 Überzug, * 2 M re zusammenstricken, 15 M re, 1 Überzug, ab * noch 4 x wiederholen, 2 M re zusammenstricken und 8 M re.
= 96 (99/103) M.
Diese Abnahmen noch 6 x in jeder 2. R wiederholen, dabei darauf achten, dass die Abnahmen übereinanderliegen = 12 (15/19) M.
In der folgenden Hin-R 0 (1/1) M re stricken, dann stets 2 M re zusammenstricken = 6 (8/10) M.
Noch 1 Rück-R li M stricken, dann die M mit dem Arbeitsfaden zusammenziehen.

FERTIGSTELLUNG
Mit der Rundstricknadel 131 (137/143) M rund um Mütze und Ohrenklappen auffassen und 2 cm im Rippenmuster in R stricken, dann die M locker abketten. Die Mützennaht schließen.
Mit der Strickliesel zwei 28 cm lange Kordeln anfertigen. Vier Pompons mit 5 cm Durchmesser arbeiten. An jedes Kordel-Ende einen Pompon nähen. Kordeln doppelt legen und die Kordel-Mitte jeweils mittig an die Ohrenklappen nähen.

14 Pullover

mit dekorativem Norwegermuster
und Rippenbündchen.
Wollmischgarn.

Kimonoweste

schlicht glatt rechts gestrickt mit doppelt gelegten Blenden.
Baumwollmischgarn.

GRÖSSEN

2 Jahre (4 Jahre/6 Jahre/8 Jahre/10 Jahre)

MATERIAL

Wollmischgarn (LL 111 m/50 g): 200 (200/250/250/300) g Braun, 50 g Wollweiß, 50 g Orange, 50 g Beigegrau • Stricknadeln Nr. 3 und Nr. 3,5 • eine 40 cm lange Rundstricknadel Nr 3

MUSTER

Rippenmuster: 2 M re, 2 M li im Wechsel.

Glatt rechts: Hin-R re M, Rück-R li M.

Jacquardmuster: Nach Zählmuster auf Seite 58 glatt rechts stricken, dabei den unbenutzten Faden auf der Rückseite der Arbeit locker weiterführen. Gezeichnet sind Hin- und Rück-R. Die M-Einteilung laut Text vornehmen. Die 1.–54. R 1 x stricken.

MASCHENPROBEN

Glatt rechts mit Nadeln Nr. 3,5: 23 M und 30 R = 10 x 10 cm
Im Jacquardmuster mit Nadeln Nr. 3,5: 24 M und 25 R= 10 x 10 cm

SO WIRD'S GEMACHT

Rückenteil

78 (86/94/98/106) M mit Nd Nr. 3 in Braun anschlagen und 5 cm im Rippenmuster stricken, dabei die 1. R und alle weiteren Hin-R mit 2 M beginnen und beenden.

Glatt re mit Nd Nr. 3,5 in Braun weiterarbeiten, dabei in der 1. R verteilt 2 (2/0/0/0) M zunehmen = 80 (88/94/98/106) M.

Nach 14 (16/18/20/23) cm ab Rippenmuster im Jacquardmuster stricken, dabei in der 1. R verteilt 3 (3/5/1/1) M zunehmen = 83 (91/99/99/107) M. Die 24 M des Zählmusters 3 (3/4/4/4) x stricken, mit den ersten 11 (19/3/3/11) M enden.

Nach 17 (19/21/23/26) cm ab Rippenmuster für die Armausschnitte beidseitig in jeder 2. R wie folgt abketten:

2 Jahre: 1 x 3 M, 2 x 2 M und 1 x 1 M.

4 und 6 Jahre: 1 x 3 M, 2 x 2 M und 2 x 1 M.

8 und 10 Jahre: 1 x 3 M, 1 x 2 M und 2 x 1 M.
= 67 (73/81/85/93) M.

Nach 30 (34/38/41/45) cm ab Rippenmuster für die Schulterschrägungen beidseitig in jeder 2. R wie folgt abketten:

2 Jahre: 3 x 4 M und 1 x 5 M.

4 Jahre: 2 x 4 M und 2 x 5 M.

6 Jahre: 3 x 5 M und 1 x 6 M.

8 Jahre: 2 x 5 M und 2 x 6 M.

10 Jahre: 2 x 6 M und 2 x 7 M.

Gleichzeitig mit der 1. Schulterabnahme für den Halsausschnitt die mittleren 9 (13/15/17/17) M abketten und beide Seiten getrennt beenden. Für die Rundung am Ausschnittrand in jeder 2. R 2 x 6 M abketten.

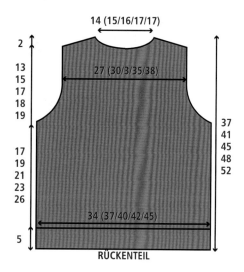

RÜCKENTEIL

Vorderteil

Wie das Rückenteil, jedoch mit tieferem Halsausschnitt. Dafür nach 27 (31/34/37/41) cm ab Rippenmuster die mittleren 7 (11/13/15/15) M abketten und beide Seiten getrennt beenden. Für die Rundung am Ausschnittrand in jeder 2. R wie folgt abketten:

2 und 4 Jahre: 1 x 4 M, 2 x 3 M, 1 x 2 M und 1 x 1 M.

6, 8 und 10 Jahre: 1 x 4 M, 1 x 3 M, 2 x 2 M und 2 x 1 M.

Nach 30 (34/38/41/45) cm ab Rippenmuster die Schulterschrägungen wie beim Rückenteil arbeiten.

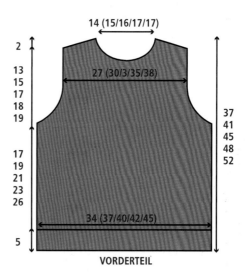

14 (15/16/17/17)

2
13
15
17
18
19

27 (30/3/35/38)

37
41
45
48
52

17
19
21
23
26

34 (37/40/42/45)

5

VORDERTEIL

Pullover (Fortsetzung)

Ärmel

46 (46/50/50/58) M mit Nd Nr. 3 in Braun anschlagen und 5 cm im Rippenmuster stricken, dabei die 1. R und alle weiteren Hin-R mit 2 M re beginnen und beenden.

Glatt re mit Nd Nr. 3,5 in Braun weiterarbeiten, dabei in der 1. R verteilt 0 (2/0/2/0) M zunehmen = 46 (48/50/52/58) M.

Dann beidseitig 1 M ab Rand wie folgt zunehmen:

2 Jahre: In jeder 6. R 3 x 1 M, dann in jeder 4. R 4 x 1 M.

4 Jahre: In jeder 6. R 4 x 1 M, dann in jeder 4. R 6 x 1 M.

6 Jahre: In jeder 6. R 2 x 1 M, dann in jeder 4. R 12 x 1 M.

8 Jahre: In jeder 6. R 6 x 1 M, dann in jeder 4. R 9 x 1 M.

10 Jahre: In jeder 6. R 12 x 1 M, dann in jeder 4. R 3 x 1 M.
= 60 (68/78/82/88) M.

Nach 12,5 (17/21,5/25,5/29) cm ab Rippenmuster im Jacquardmuster weiterarbeiten, dabei in der 1. R verteilt 4 (4/4/4/2) M zunehmen = 64 (72/82/86/90) M. Die 24 M des Zählmusters 2 (3/3/3/3) x stricken, mit den ersten 16 (0/10/14/18) M enden. Nach 15,5 (20/24,5/28,5/32) cm ab Rippenmuster für die Armkugel beidseitig in jeder 2. R wie folgt abketten:

2 Jahre: 1 x 4 M, 2 x 3 M, 3 x 2 M, 1 x 3 M und 1 x 4 M.

4 Jahre: 2 x 4 M, 2 x 3 M, 1 x 2 M, 1 x 3 M und 2 x 4 M.

6 Jahre: 1 x 5 M, 2 x 4 M, 2 x 3 M, 2 x 4 M und 1 x 5 M.

8 Jahre: 2 x 5 M, 1 x 4 M, 2 x 3 M, 1 x 4 M und 2 x 5 M.

10 Jahre: 1 x 6 M, 1 x 5 M, 1 x 4 M, 2 x 3 M, 1 x 4 M, 1 x 5 M und 1 x 6 M.

Nach 21,5 (26/30,5/34,5/38) cm ab Rippenmuster die restlichen 18 M abketten.

Den 2. Ärmel ebenso stricken.

Halsausschnittblende

Schulternähte schließen.

Mit der Rundstricknadel aus dem Halsausschnitt 92 (96/100/104/108) M in Braun auffassen, 1 Rd li M und 3 cm im Rippenmuster in Rd stricken. Dann alle M im Rippenmuster abketten.

FERTIGSTELLUNG

Seiten- und Ärmelnähte schließen. Die Ärmel einsetzen.

Zählmuster Jacquardmuster

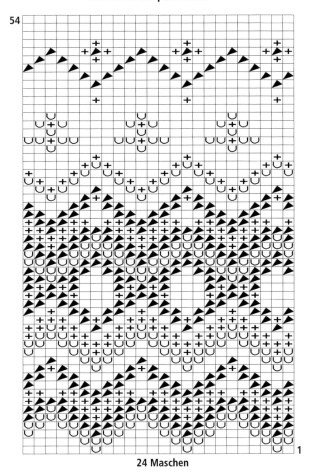

54

1

24 Maschen

| | Braun | ∪ Beigegrau | ▲ Wollweiß | + Orange |

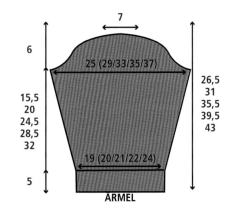

7

6

25 (29/33/35/37)

15,5
20
24,5
28,5
32

26,5
31
35,5
39,5
43

5

19 (20/21/22/24)

ÄRMEL

Kimonoweste

GRÖSSEN

2 Jahre (4 Jahre/6 Jahre/8–10 Jahre)

MATERIAL

Baumwollmischgarn (LL 40 m/50 g): 200 (250/300/350) g Dunkelgrau •
Stricknadeln und Rundstricknadel Nr. 7 • 3 Knöpfe

Muster

Glatt rechts: Hin-R re M, Rück-R li M.

MASCHENPROBE

Glatt rechts mit Nadeln Nr. 7: 11 M und 16 R = 10 x 10 cm

Kimonoweste (Fortsetzung)

SO WIRD'S GEMACHT
Rückenteil
35 (38/41/44) M mit Nd Nr. 7 anschlagen und 2,5 cm glatt re stricken, dann in den Rand einen Kontrastfaden einziehen, um den Saum zu markieren.

Glatt re mit Nd Nr. 7 weiterarbeiten.

Nach 9 (11/13/16,5) cm ab Markierung für die kurzen Ärmel beidseitig in jeder 2. R 2 x 2 M neu dazu anschlagen = 43 (46/49/52) M.

Nach 23 (27/31/36) cm ab Markierung für die Schulterschrägungen beidseitig in jeder 2. R wie folgt abketten:

2 Jahre: 2 x 3 M und 2 x 4 M.

4 Jahre: 1 x 3 M und 3 x 4 M.

6 Jahre: 4 x 4 M.

8–10 Jahre: 3 x 4 M und 1 x 5 M.

Gleichzeitig mit der 1. Schulterabnahme für den Halsausschnitt die mittleren 15 (16/17/18) M abketten und beide Seiten getrennt beenden.

Rechtes Vorderteil
23 (25/27/29) mit Nd Nr. 7 anschlagen und 2,5 cm glatt re stricken, dann in den Rand einen Kontrastfaden einziehen, um den Saum zu markieren. Glatt re mit Nd Nr. 7 weiterarbeiten.

Nach 9 (11/13/16,5) cm ab Markierung für den kurzen Ärmel am linken Rand in jeder 2. R 2 x 2 M neu dazu anschlagen = 27 (29/31/33) M.

Nach 18 (22/25/30) cm ab Markierung für den Halsausschnitt am rechten Rand 13 (14/15/16) M abketten = 14 (15/16/17) M.

Nach 23 (27/31/36) cm ab Markierung die Schulterschrägung am linken Rand wie beim Rückenteil arbeiten.

Linkes Vorderteil
10 (11/12/13) mit Nd Nr. 7 anschlagen und 2,5 cm glatt re stricken, dann in den Rand einen Kontrastfaden einziehen, um den Saum zu markieren. Glatt re mit Nd Nr. 7 weiterarbeiten.

Nach 9 (11/13/16,5) cm ab Markierung für den kurzen Ärmel am rechten Rand in jeder 2. R 2 x 2 M neu dazu anschlagen = 14 (15/16/17) M.

Nach 23 (27/31/36) cm ab Markierung die Schulterschrägung am rechten Rand wie beim Rückenteil arbeiten.

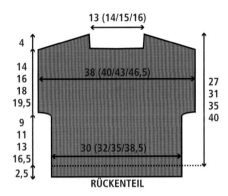

13 (14/15/16)

4

14
16
18
19,5

38 (40/43/46,5)

27
31
35
40

9
11
13
16,5
2,5

30 (32/35/38,5)

RÜCKENTEIL

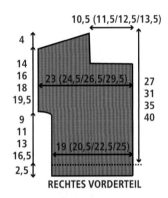

10,5 (11,5/12,5/13,5)

4

14
16
18
19,5

23 (24,5/26,5/29,5)

27
31
35
40

9
11
13
16,5
2,5

19 (20,5/22,5/25)

RECHTES VORDERTEIL

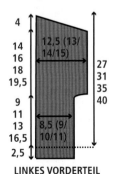

4

14
16
18
19,5

12,5 (13/14/15)

27
31
35
40

9
11
13
16,5
2,5

8,5 (9/10/11)

LINKES VORDERTEIL

Abschlussblenden

Für alle Blenden gilt: Die M mit der Rundstricknadel auffassen und 3,5 cm = 1 Rück-R re M und 4 R glatt re stricken. Die M re abketten.

Aus dem waagerechten rückwärtigen Halsausschnitt 15 (16/17/18) M auffassen und 3,5 cm stricken, dabei beidseitig 2 x in jeder 2. R je 1 M abnehmen. Restliche 11 (12/13/14) M abketten.

Schulternähte schließen.

Aus der li senkrechten rückwärtigen Halsausschnittkante und der Kante des li Vorderteils bis zur Saum-Markierung 35 (40/44/49) M auffassen und 3,5 cm stricken, dabei am re Rand 2 x in jeder 2. R je 1 M abnehmen. Restliche 33 (38/42/47) M abketten.

Aus der re senkrechten vorderen und rückwärtigen Halsausschnittkante über die Schulternaht hinweg 15 (15/16/16) M auffassen und 3,5 cm stricken, dabei am li Rand 2 x in jeder 2. R je 1 M abnehmen. Restliche 13 (13/14/14) M abketten.

Schräge Blendenschmalkanten am rückwärtigen Halsausschnitt zusammennnähen. Die Schmalkante der rechten Blende am waagerechten Halsausschnitt des re Vorderteils annähen.

Aus der Kante des rechten Vorderteils ab Markierung 20 (25/28/33) M auffassen und 3,5 cm stricken, dabei in der 3. R 2 Knopflöcher (= 1 Umschlag, 2 M li zusammenstricken) einstricken. Das erste 2 cm ab Rand, das folgende nach weiteren 2,5 cm.

Aus der Schmalkante der Vorderteilblende und der restlichen Halsausschnittkante 11 (12/13/14) M auffassen und 3,5 cm stricken, dabei in der 3. R ein weiteren Knopfloch über den anderen einarbeiten. Die M abketten. Blendenschmalkante an der senkrechten Blende annähen.

FERTIGSTELLUNG

Seiten- und kurze Ärmelnähte schließen. Beidseitig an den Ärmelkanten 2 M nach innen schlagen und ansäumen. Den Saum an der Markierung nach innen schlagen und ansäumen. Knöpfe annähen.

16 Pullover

mit interessantem Streifen-Look
und Rippenbündchen.
Wollmischgarn.

17 Pullover

glatt rechts im angesagten Color-Blocking.
Baumwollmischgarn.

Pullover

GRÖSSEN
2 Jahre (4 Jahre/6 Jahre/8 Jahre/10 Jahre)

MATERIAL
Wollmischgarn (LL 66 m/50 g): 250 (250/300/350/400) g Beige, 50 (50/ 100/100/100) g Kirschrot, 50 (50/50/50/100) g Grau • Stricknadeln Nr. 5,5 und Nr. 6 • eine 40 cm lange Rundstricknadel Nr 5,5

MUSTER
Rippenmuster: 2 M re, 2 M li im Wechsel.
Streifenfolge: 3 R Kirschrot und 9 R Beige.
Jacquardmuster:
In mehrfarbigen R den unbenutzen Faden locker auf der Rückseite der Arbeit weiterführen.
1.–5. R: Glatt re in Beige. **6. R:** * 2 M li in Kirschrot, 4 M li in Beige, ab * stets wiederholen, enden mit 2 M li in Kirschrot. **7. R:** Re M in Kirschrot. **8.–12. R:** Glatt re in Beige. **13. R:** 3 M re in Beige, * 2 M re in Grau, 4 M re in Beige, ab * stets wiederholen, enden mit 2 M re in Grau und 3 M re mit Beige. **14. R:** Re M in Grau.
Die 1.–14. R stets wiederholen.

MASCHENPROBE
Im Jacquardmuster mit Nadeln Nr. 6: 15 M und 21 R = 10 x 10 cm

SO WIRD'S GEMACHT
Rückenteil
46 (50/58/58/62) M mit Nd Nr. 5,5 in Kirschrot anschlagen und 5 cm im Rippenmuster in der Streifenfolge stricken, dabei die 1. R und alle weiteren Hin-R mit 2 M re beginnen und beenden.
Im Jacquardmuster mit Nd Nr. 6 weiterarbeiten, dabei in der 1. R 2 (0/2/ 2/0) M abnehmen.
= 44 (50/56/56/62) M.
Nach 18 (20/22/24/27) cm ab Rippenmuster in den Rand einen Kontrastfaden einziehen, um den Beginn der Armausschnitte zu kennzeichnen.
Nach 31 (35/39/42/46) cm ab Rippenmuster für die Schulterschrägungen beidseitig in jeder 2. R wie folgt abketten:
2 Jahre: 2 x 4 M und 1 x 5 M.
4 Jahre: 3 x 5 M.
6 Jahre: 1 x 5 M und 2 x 6 M.
8 Jahre: 2 x 5 M und 1 x 6 M.
10 Jahre: 2 x 6 M und 1 x 7 M.
Gleichzeitig mit der 1. Schulterabnahme für den Halsausschnitt die mittleren 6 (8/10/12/12) M abketten und beide Seiten getrennt beenden. Für die Rundung am Ausschnittrand nach 2 R 1 x 6 M abketten.

Vorderteil
Wie das Rückenteil stricken, jedoch für den tieferen Halsausschnitt bereits nach 28 (32/35/38/42) cm ab Rippenmuster die mittleren 4 (6/8/ 10/10) M abketten und beide Seiten getrennt beenden. Für die Rundung am Ausschnittrand in jeder 2. R 1 x 3 M, 1 x 2 M und 2 x 1 M abketten. Gleichzeitig nach 31 (35/39/42/46) cm ab Rippenmuster die Schulterschrägungen wie beim Rückenteil arbeiten.

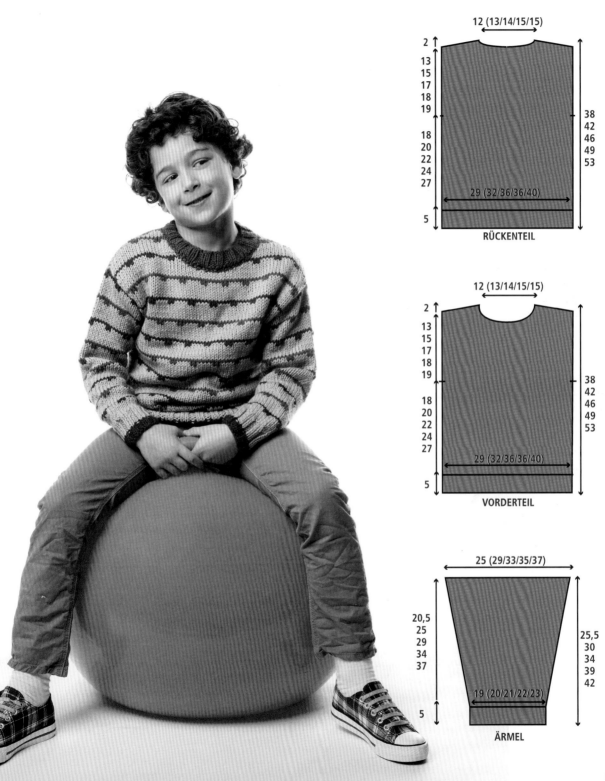

12 (13/14/15/15)

2
13
15
17
18
19

18
20
22
24
27

5

38
42
46
49
53

29 (32/36/36/40)

RÜCKENTEIL

12 (13/14/15/15)

2
13
15
17
18
19

18
20
22
24
27

5

38
42
46
49
53

29 (32/36/36/40)

VORDERTEIL

25 (29/33/35/37)

20,5
25
29
34
37

5

25,5
30
34
39
42

19 (20/21/22/23)

ÄRMEL

Pullover (Fortsetzung)

Ärmel

26 (30/34/34/38) M mit Nd Nr. 5,5 in Kirschrot anschlagen und 5 cm im Rippenmuster in der Streifenfolge stricken, dabei die 1. R und alle weiteren Hin-R mit 2 M re beginnen und beenden.

Im Jacquardmuster mit Nd Nr. 6 weiterarbeiten, dabei in der 1. R 0 (2/0/0/0) M zunehmen und die M wie folgt einteilen:

2 und 4 Jahre: Wie bei „Muster" angegeben.

6 und 8 Jahre: Beidseitig 1 Rand-M in der Farbe der nachfolgenden bzw. davorliegenden M, dazwischen wie bei „Muster" angegeben.

10 Jahre: Wie bei „Muster" angegeben.

= 26 (32/34/34/38) M.

Beidseitig 1 M ab Rand wie folgt zunehmen (dabei das Jacquardmuster nach und nach erweitern):

2 Jahre: In jeder 6. R 4 x 1 M, dann in jeder 4. R 3 x 1 M.

4 Jahre: Nach 8 R 1 x 1 M, dann in jeder 6. R 6 x 1 M.

6 Jahre: In jeder 6. R 9 x 1 M.

8 Jahre: Nach 8 R 1 x 1 M, dann in jeder 6. R 9 x 1 M.

10 Jahre: In jeder 8. R 5 x 1 M, dann in jeder 6. R 5 x 1 M.

= 40 (46/52/54/58) M.

Nach 20,5 (25/29/34/37) cm ab Rippenmuster die M locker abketten. Den zweiten Ärmel ebenso stricken.

Halsausschnittblende

Schulternähte schließen.

Mit der Rundstricknadel aus dem Halsausschnitt 56 (60/64/68/72) M in Grau auffassen, 1 Rd li M und 3 cm im Rippenmuster stricken. Dann alle M im Rippenmuster abketten.

FERTIGSTELLUNG

Die Ärmel zwischen den Markierungen einsetzen. Seiten- und Ärmelnähte schließen.

Pullover

GRÖSSEN

4 Jahre (6 Jahre/8 Jahre/10 Jahre)

MATERIAL

Baumwollmischgarn (LL 68 m/50 g): 100 (100/150/150) g Königsblau, 50 (100/100/100) g Hellgrau, 100 (100/100/100) g Violett, 100 (100/100/100) g Orange, 50 (100/100/100) g Anthrazit, 50 (50/50/100) Rosarot • Stricknadeln Nr. 3 und Nr. 4 • eine 40 cm lange Rundstricknadel Nr 5,5

MUSTER

Rippenmuster: 2 M re, 2 M li im Wechsel.
Glatt rechts: Hin-R re M, Rück-R li M.
Streifenfolge für Rücken- und Vorderteil: * 10 R Königsblau, 1 R Hellgrau, 1 R Königsblau, 1 R Hellgrau, 10 R Violett, 1 R Hellgrau, 1 R Violett, 1 R Hellgrau, 10 R Orange, 1 R Hellgrau, 1 R Orange, 1 R Hellgrau, 10 R Anthrazit, 1 R Hellgrau, 1 R Anthrazit, 1 R Hellgrau, 10 R Rosarot, 1 R Hellgrau, 1 R Rosarot, 1 R Hellgrau = 65 R
Ab * bis zur benötigten Höhe wiederholen.
Streifenfolge für die Ärmel :
4 Jahre: 1 R Hellgrau, 1 R Königsblau, 1 R Hellgrau, 10 R Violett, 1 R Hellgrau, 1 R Violett, 1 R Hellgrau, 10 R Orange, 1 R Hellgrau, 1 R Orange, 1 R Hellgrau, 10 R Anthrazit, 1 R Hellgrau, 1 R Anthrazit, 1 R Hellgrau, 10 R Rosarot, 1 R Hellgrau, 1 R Rosarot, 1 R Hellgrau, dann in der Streifenfolge für Rücken- und Vorderteil ab * arbeiten.
6 Jahre: 4 R Königsblau, 1 R Hellgrau, 1 R Königsblau, 1 R Hellgrau, 10 R Violett, 1 R Hellgrau, 1 R Violett, 1 R Hellgrau, 10 R Orange, 1 R Hellgrau, 1 R Orange, 1 R Hellgrau, 10 R Anthrazit, 1 R Hellgrau, 1 R Anthrazit, 1 R Hellgrau, 10 R Rosarot, 1 R Hellgrau, 1 R Rosarot, 1 R Hellgrau, dann in der Streifenfolge für Rücken- und Vorderteil ab * arbeiten.
8 Jahre: 8 R Königsblau, 1 R Hellgrau, 1 R Königsblau, 1 R Hellgrau, 10 R Violett, 1 R Hellgrau, 1 R Violett, 1 R Hellgrau, 10 R Orange, 1 R Hellgrau, 1 R Orange, 1 R Hellgrau, 10 R Anthrazit, 1 R Hellgrau, 1 R Anthrazit, 1 R Hellgrau, 10 R Rosarot, 1 R Hellgrau, 1 R Rosarot, 1 R Hellgrau, dann in der Streifenfolge für Rücken- und Vorderteil ab * arbeiten.
10 Jahre: 1 R Rosarot, 1 R Hellgrau, dann in der Streifenfolge für Rücken- und Vorderteil ab * arbeiten.

MASCHENPROBE

Glatt rechts in der Streifenfolge mit Nadeln Nr. 4: 18 M und 25 R = 10 x 10 cm

SO WIRD'S GEMACHT

Rückenteil

65 (70/74/83) M mit Nd Nr. 3 in Königsblau anschlagen und 3 cm = 8 R glatt re stricken, dann in den Rand einen Kontrastfaden einziehen, um den Saum zu kennzeichnen. Glatt re mit Nd Nr. 4 in der entsprechenden Streifenfolge weiterarbeiten.
Nach 24 (26/28/32) cm = 60 (64/70/80) R ab Saum (= nach 4 Jahre: 8 R Rosarot / 6 Jahre: 1 R Rosarot / 8 Jahre: 5 R Königsblau / 10 Jahre: 2 R Violett) für die Raglanschrägen beidseitig 1 x 2 M, dann in jeder 2. R wie folgt abketten:
4 Jahre: 1 x 2 M und 18 x 1 M.
6 Jahre: 22 x 1 M.
8 Jahre: 23 x 1 M.
10 Jahre: * 1 x 2 M und 10 x 1 M, ab noch 1 x wiederholen, dann 3 x 1 M.
Nach 40 (44/47/53) cm ab Saum die restlichen 21 (22/24/25) M abketten.

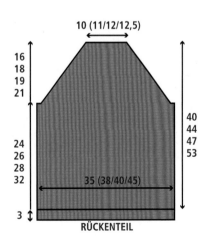

RÜCKENTEIL

10 (11/12/12,5)

16
18
19
21

40
44
47
53

24
26
28
32

35 (38/40/45)

3

Pullover (Fortsetzung)

Vorderteil

65 (70/74/83) M mit Nd Nr. 3 in Königsblau anschlagen und 3 cm = 8 R glatt re stricken, dann in den Rand einen Kontrastfaden einziehen, um den Saum zu kennzeichnen. Glatt re mit Nd Nr. 4 in der entsprechenden Streifenfolge weiterarbeiten.

Nach 24 (26/28/32) cm = 60 (64/70/80) R ab Saum (= nach 4 Jahre: 8 R Rosarot/6 Jahre: 1 R Rosarot/8 Jahre : 5 R Königsblau/10 Jahre: 2 R Violett) für die Raglanschrägungen beidseitig 1 x 2 M, dann in jeder 2. R wie folgt abketten:

4 Jahre: 1 x 2 M und 16 x 1 M.

6 Jahre: 20 x 1 M.

8 Jahre: 21 x 1 M.

10 Jahre: * 1 x 2 M und 10 x 1 M, ab * noch 1 x wiederholen, dann 1 x 1 M.

Gleichzeitig nach 37 (40/43/48,5) cm ab Saum für den Halsausschnitt die mittleren 5 (6/8/9) M abketten und beide Seiten getrennt beenden. Für die Rundung am Ausschnittrand in jeder 2. R wie folgt abketten:

4 Jahre: 1 x 7 M.

6, 8 und 10 Jahre: 1 x 4 M und 1 x 3 M.

Nach 38,5 (42,5/45,5/51,5) cm ab Saum die restlichen 3 M abketten.

Rechter Ärmel

38 (38/42/42) M mit Nd Nr. 3 in Hellgrau anschlagen und 5 cm im Rippenmuster stricken, dabei die 1. R und alle weiteren Hin-R mit 2 M re beginnen und beenden. Dann 1 Rück-R li M stricken, dabei verteilt 1 (2/0/3) M zunehmen.

= 39 (40/42/45) M.

Glatt re mit Nd Nr. 4 in der entsprechenden Streifenfolge weiterarbeiten, dabei beidseitig 1 M ab Rand wie folgt zunehmen:

4 Jahre: Nach 8 R 1 x 1 M, dann in jeder 6. R 6 x 1 M.

6 Jahre: In jeder 6. R 9 x 1 M.

8 Jahre: Nach 8 R 1 x 1 M, dann in jeder 6. R 9 x 1 M.

10 Jahre: In jeder 6. R 13 x 1 M.

= 53 (58/62/71) M.

Nach 20 (23,5/27/33) cm = 50 (58/68/82) R ab Rippenmuster (= nach 4 Jahre: 8 R Rosarot/6 Jahre: 1 R Rosarot/8 Jahre: 5 R Königsblau/ 10 Jahre: 2 R Violett) für die Raglanschrägungen beidseitig 1 x 2 M, dann in jeder 2. R wie folgt abketten:

4 Jahre: 1 x 2 M und 16 x 1 M.

6 Jahre: 20 x 1 M.

8 Jahre: 21 x 1 M.

10 Jahre: * 1 x 2 M und 10 x 1 M , ab * noch 1 x wiederholen, dann 1 x 1 M.

Nach 34,5 (40/44,5/52,5) cm ab Rippenmuster für den Halsausschnitt am rechten Rand in jeder 2. R wie folgt abketten:

4 Jahre: 2 x 4 M.

6 Jahre: 1 x 5 M und 1 x 4 M.

8 Jahre: 1 x 6 M und 1 x 5 M.

10 Jahre: 1 x 7 M und 1 x 5 M.

Gleichzeitig am linken Rand 1 x 1 M und nach weiteren 2 R 1 x 1 M abketten.

Nach 36 (41,5/46/54) cm ab Rippenmuster die restlichen 3 M abketten. Den zweiten Ärmel gegengleich stricken.

Halsausschnittblende

Raglannähte schließen.

Mit der Rundstricknadel aus dem Halsausschnitt 64 (68/72/76) M in Hellgrau auffassen, 1 Rd li M und 3 cm im Rippenmuster in Rd stricken. Dann alle M im Rippenmuster abketten.

FERTIGSTELLUNG

Seiten- und Ärmelnähte schließen.

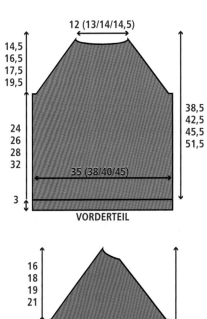

12 (13/14/14,5)

14,5
16,5
17,5
19,5

38,5
42,5
45,5
51,5

24
26
28
32

35 (38/40/45)

3

VORDERTEIL

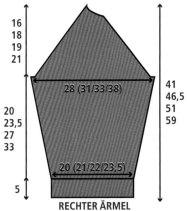

16
18
19
21

28 (31/33/38)

41
46,5
51
59

20
23,5
27
33

20 (21/22/23,5)

5

RECHTER ÄRMEL

69

 18 Pullover

mit plastischem Zopfmuster,
Schulterriegeln und Ärmeltasche.
Baumwollmischgarn.

19 Pullover

glatt rechts mit Motiv, wahlweise
eingestrickt oder aufgestickt.
Wollmischgarn.

🌸 Pullover

GRÖSSEN

4 Jahre (6 Jahre/8 Jahre/10 Jahre)

MATERIAL

Baumwollmischgarn (LL 81 m/50 g): 450 (550/600/750) g Petrol • Stricknadeln Nr. 3 und Nr. 3,5 • Zopfnadel • eine 40 cm lange Rundstricknadel Nr. 3 • 1 Knopf

MUSTER

Rippenmuster: 2 M re, 2 M li im Wechsel.
Glatt rechts: Hin-R re M, Rück-R li M.
Zopfmuster: Nach der Strickschrift auf Seite 74 stricken. Gezeichnet sind Hin- und Rück-R. Die M laut Text einteilen.

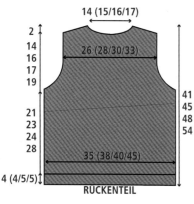

14 (15/16/17)

2
14
16
17
19

26 (28/30/33)

41
45
48
54

21
23
24
28

35 (38/40/45)

4 (4/5/5)

RÜCKENTEIL

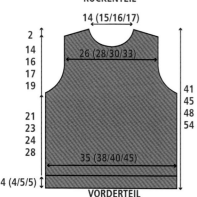

14 (15/16/17)

2
14
16
17
19

26 (28/30/33)

41
45
48
54

21
23
24
28

35 (38/40/45)

4 (4/5/5)

VORDERTEIL

MASCHENPROBE

Im Zopfmuster mit Nadeln Nr. 3,5: 28 M und 28 R = 10 x 10 cm

SO WIRD'S GEMACHT

Rückenteil

86 (94/98/110) mit Nd Nr. 3 anschlagen und 4 (4/5/5) cm im Rippenmuster stricken, dabei die 1. R und alle weiteren Hin-R mit 2 M re beginnen und beenden. Dann im Zopfmuster mit Nd Nr. 3,5 weiterarbeiten, dabei in der 1. R verteilt 14 (12/16/18) M zunehmen und die M wie folgt einteilen:

4 Jahre: Die 14 M 7 x stricken, mit den ersten 2 M enden.

6 Jahre: Mit den letzten 3 M der Strickschrift beginnen, dann die 14 M 7 x stricken, mit den ersten 5 M enden.

8 und 10 Jahre: Die 14 M 8 bzw 9 x stricken, mit den ersten 2 M enden. = 100 (106/114/128) M.

Nach 21 (23/24/28) cm ab Rippenmuster für die Armausschnitte beidseitig in jeder 2. R wie folgt abketten:

4 Jahre: 2 x 3 M, 2 x 2 M und 3 x 1 M.

6 Jahre: 2 x 3 M, 2 x 2 M und 4 x 1 M.

8 Jahre: 2 x 3 M, 2 x 2 M und 5 x 1 M.

10 Jahre: 1 x 4 M, 2 x 3 M, 2 x 2 M und 3 x 1 M. = 74 (78/84/94) M.

Nach 35 (39/41/47) cm ab Rippenmuster für die Schulterschrägungen beidseitig in jeder 2. R wie folgt abketten:

4 Jahre: 3 x 4 M und 1 x 5 M.

6 Jahre: 2 x 4 M und 2 x 5 M.

8 Jahre: 4 x 5 M.

10 Jahre: 1 x 5 M und 3 x 6 M.

Gleichzeitig mit der 1. Schulterabnahme für den Halsausschnitt die mittleren 22 (24/26/30) M abketten und beide Seiten getrennt beenden. Für die Rundung am Ausschnittrand in jeder 2. R 1 x 5 M und 1 x 4 M abketten.

Vorderteil

Wie das Rückenteil stricken, jedoch mit tieferem Halsausschnitt. Dafür nach 32 (35/37/43) cm ab Rippenmuster die mittleren 20 (22/24/28) M abketten und beide Seiten getrennt beenden. Für die Rundung am Ausschnittrand wie folgt abketten:

4, 6 und 8 Jahre: In jeder 2. R 1 x 4 M, 1 x 3 M, 1 x 2 M und 1 x 1 M.

10 Jahre: In jeder 2. R 1 x 4 M, 1 x 3 M, 1 x 2 M, nach weiteren 4 R 1 x 1 M.

Nach 35 (39/41/47) cm ab Rippenmuster die Schulterschrägungen wie beim Rückenteil arbeiten.

Ärmel

50 (54/54/58) mit Nd Nr. 3 anschlagen und 4 (4/5/5) cm im Rippenmuster stricken, dabei die 1. R und alle weiteren Hin-R mit 2 M re beginnen und beenden.

Im Zopfmuster mit Nd Nr. 3,5 weiterarbeiten, dabei in der 1. R verteilt 8 (6/10/10) M zunehmen und mit den letzten 7 (8/10/12) M der Strickschrift beginnen, die 14 M der Strickschrift 3 x stricken, mit den ersten 9 (10/12/14) M enden = 58 (60/64/68) M.

Beidseitig wie folgt zunehmen, dabei das Zopfmuster erweitern:

4 Jahre: In jeder 14. R 3 x 1 M.

6 Jahre: In jeder 14. R 4 x 1 M.

8 Jahre: In jeder 14. R 4 x 1 M, nach weiteren 12 R 1 x 1 M.

10 Jahre: In jeder 12. R 3 x 1 M, dann in jeder 10. R 5 x 1 M.

= 64 (68/74/84) M.

Nach 20 (25/27,5/33) cm ab Rippenmuster für die Armkugel beidseitig wie folgt abketten:

4 Jahre: In jeder 2. R 2 x 3 M, 1 x 2 M, 1 x 1 M, nach weiteren 10 R 1 x 1 M, nach weiteren 4 R 1 x 2 M, dann in jeder 2. R 1 x 2 M, 2 x 3 M und 1 x 4 M.

6 Jahre: In jeder 2. R 2 x 3 M, 1 x 2 M, 2 x 1 M, dann in jeder 4. R 3 x 1 M, dann in jeder 2. R 1 x 1 M, 1 x 2 M, 2 x 3 M und 1 x 4 M.

8 Jahre: In jeder 2. R 1 x 4 M, 2 x 3 M, 1 x 2 M, 1 x 1 M, dann in jeder 4. R 4 x 1 M, dann in jeder 2. R 1 x 2 M, 2 x 3 M und 1 x 4 M.

10 Jahre: In jeder 2. R 1 x 4 M, 2 x 3 M, 2 x 2 M, 3 x 1 M, dann in jeder 4. R 4 x 1 M, dann in jeder 2. R 1 x 2 M, 1 x 3 M und 2 x 4 M.

Nach 30 (36/39,5/46,5) cm ab Rippenmuster die restlichen 16 M abketten.

Den zweiten Ärmel ebenso stricken.

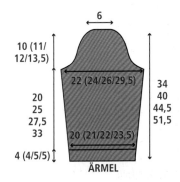

ÄRMEL

Pullover (Fortsetzung)

Halsausschnittblende

Schulternähte schließen.

Mit der Rundstricknadel aus dem Halsausschnitt 96 (100/104/108) M auffassen, 1 Rd li M und 2,5 cm im Rippenmuster in Rd stricken. Dann die M im Rippenmuster abketten.

Tasche

20 M mit Nd Nr. 3 anschlagen und 9 cm glatt re stricken, dann alle M abketten.

Taschenklappe

20 M mit Nd Nr. 3 anschlagen und 4 cm glatt re stricken, dann alle M abketten.

Schulterriegel

17 (18/20/23) M mit Nd Nr. 3 anschlagen und 8 cm glatt re stricken, dann alle M abketten.

Einen zweiten Schulterriegel ebenso stricken.

FERTIGSTELLUNG

Seiten- und Ärmelnähte schließen. Die Ärmel einsetzen. Die Schulterriegel jeweils mittig auf die Schulternaht nähen. Die Tasche in Oberarmhöhe mittig auf den linken Ärmel nähen, die Klappe direkt darüber, dann den Knopf als Zierde mittig auf die Klappe nähen.

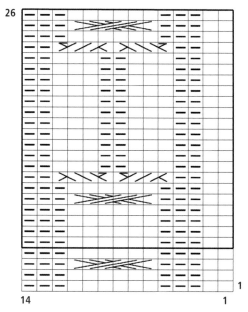

Die 1.–26. R 1 x stricken, dann die eingerahmten R stets wiederholen.

☐ = in Hin-R 1 M re, in Rück-R 1 M li

– = in Hin-R 1 M li, in Rück-R 1 M re

 = 4 M nach rechts verkreuzen: 1 M auf eine Zopf-Nd hinter die Arbeit legen, 3 M re, dann die M der Zopf-Nd li stricken.

 = 4 M nach links verkreuzen: 3 M auf eine Zopf-Nd vor die Arbeit legen, 1 M li, dann die 3 M der Zopf-Nd re stricken.

= 6 M nach rechts verkreuzen: 3 M auf eine Zopf-Nd hinter die Arbeit legen, 3 M re, dann die 3 M der Zopf-Nd re stricken.

19 Pullover

GRÖSSEN

2 Jahre (4 Jahre/6 Jahre/8 Jahre/10 Jahre)

MATERIAL

Stärkeres Wollmischgarn (LL 84 m/50 g): 150 (200/250/250/300) g Wollweiß, 50 g Anthrazit, 50 g Kirschrot • Stricknadeln Nr. 3,5 und Nr. 4 • eine 40 cm lange Rundstricknadel Nr 3,5

MUSTER

Rippenmuster: 1 M re, 1 M li im Wechsel.

Glatt rechts: Hin-R re M, Rück-R li M.

Jacquardmotiv: Nach dem Zählmuster auf Seite 77 glatt rechts stricken. Gezeichnet ist das ganze Motiv mit Hin- und Rück-R. Jeden Buchstaben und das Herz mit einem separaten Knäuel arbeiten und beim Farbwechsel die Fäden auf der Rückseite verkreuzen.

Wahlweise das Motiv nachträglich im Maschenstich aufsticken.

MASCHENPROBE

Glatt rechts mit Nd Nr. 4: 19 M und 27 R = 10 x 10 cm

Pullover (Fortsetzung)

SO WIRD'S GEMACHT
Rückenteil

62 (68/74/78/84) M mit Nd Nr. 3,5 in Anthrazit anschlagen und 4 cm im Rippenmuster stricken. Glatt re mit Nd Nr. 4 in Wollweiß weiterarbeiten. Nach 3 (5/7/9/12) cm ab Rippenmuster für die Armausschnitte beidseitig in jeder 2. R wie folgt abketten:

2 und 4 Jahre: 1 x 3 M, 2 x 2 M und 1 x 1 M.
6 und 8 Jahre: 1 x 3 M, 2 x 2 M und 2 x 1 M.
10 Jahre: 1 x 4 M, 1 x 3 M, 1 x 2 M und 2 x 1 M.
= 46 (52/56/60/62) M.
Nach 16 (20/24/27/31) cm ab Rippenmuster für die Schulterschrägungen beidseitig in jeder 2. R wie folgt abketten:
2 Jahre: 1 x 2 M und 3 x 3 M.
4 Jahre: 3 x 3 M und 1 x 4 M.
6 Jahre: 2 x 3 M und 2 x 4 M.
8 Jahre: 1 x 3 M und 3 x 4 M.
10 Jahre: 4 x 4 M.
Gleichzeitig mit der 1. Schulterabnahme für den Halsausschnitt die mittleren 8 (10/12/14/14) M abketten und beide Seiten getrennt beenden. Für die Rundung am Ausschnittrand in jeder 2. R 2 x 4 M abketten.

Vorderteil

62 (68/74/78/84) mit Nd Nr. 3,5 in Anthrazit anschlagen und 4 cm im Rippenmuster stricken. Glatt re mit Nd Nr. 4 und Wollweiß weiterarbeiten.
Nach 1 (3/5/7/10) cm ab Rippenmuster über den mittleren 42 M das Jacquardmotiv arbeiten, oder die mittleren 42 M mit einem Kontrastfaden kennzeichnen, glatt re in Wollweiß weiterstricken und das Motiv nachträglich aufsticken.
Gleichzeitig nach 3 (5/7/9/12) cm ab Rippenmuster die Armausschnitte wie beim Rückenteil arbeiten = 46 (52/56/60/62) M.
Nach 13 (17/20/23/27) cm ab Rippenmuster für den Halsausschnitt die mittleren 6 (8/10/12/12) M abketten und beide Seiten getrennt beenden. Für die Rundung am Ausschnittrand in jeder 2. R wie folgt abketten:
2 und 4 Jahre: In jeder 2. R 1 x 3 M, 2 x 2 M und 2 x 1 M.
6, 8 und 10 Jahre: In jeder 2. R 1 x 3 M, 2 x 2 M, 1 x 1 M, dann nach weiteren 4 R 1 x 1 M.
Nach 16 (20/24/27/31) cm ab Rippenmuster die Schulterschrägungen wie beim Rückenteil arbeiten.

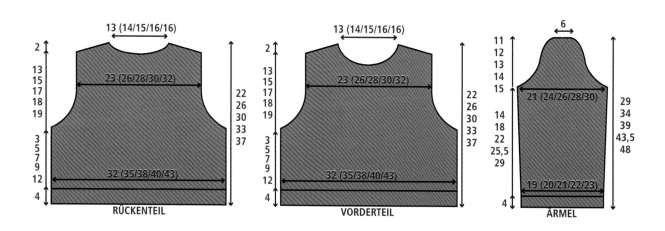

RÜCKENTEIL
VORDERTEIL
ÄRMEL

Zählmuster

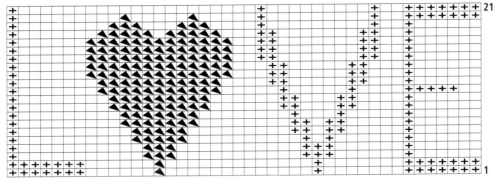

21

□ Wollweiß
+ Anthrazit
◄ Kirschrot

1

42 Maschen

Ärmel

38 (40/42/44/46) mit Nd Nr. 3,5 in Anthrazit anschlagen und 4 cm im Rippenmuster stricken. Glatt re mit Nd Nr. 4 in Wollweiß weiterarbeiten, dabei beidseitig 1 M ab Rand wie folgt zunehmen:

2 Jahre: Nach 14 R 1 x 1 M und nach weiteren 12 R 1 x 1 M.

4 Jahre: In jeder 10. R 4 x 1 M.

6 Jahre: In jeder 10. R 5 x 1 M.

8 Jahre: In jeder 10. R 6 x 1 M.

10 Jahre: In jeder 10. R 7 x 1 M.

= 42 (48/52/56/60) M.

Nach 14 (18/22/25,5/29) cm ab Rippenmuster für die Armkugel beidseitig wie folgt abketten:

2 Jahre: In jeder 2. R 1 x 2 M und 4 x 1 M, dann in jeder 4. R 3 x 1 M, dann in jeder 2. R 3 x 1 M und 1 x 2 M.

4 Jahre: In jeder 2. R 1 x 2 M und 6 x 1 M, nach weiteren 4 R 1 x 1 M, dann in jeder 2. R 6 x 1 M und 1 x 2 M.

6 Jahre: In jeder 2. R 2 x 2 M und 4 x 1 M, dann in jeder 4. R 3 x 1 M, dann in jeder 2. R 4 x 1 M und 2 x 2 M.

8 Jahre: In jeder 2. R 3 x 2 M und 3 x 1 M, dann in jeder 4. R 4 x 1 M, dann in jeder 2. R 2 x 1 M und 3 x 2 M.

10 Jahre: In jeder 2. R 3 x 2 M und 4 x 1 M, dann in jeder 4. R 3 x 1 M, dann in jeder 2. R 4 x 1 M und 3 x 2 M.

Nach 25 (30/35/39,5/44) cm ab Rippenmuster die restlichen 14 M abketten.

Den zweiten Ärmel ebenso stricken.

Halsausschnittblende

Schulternähte schließen.

Mit der Rundstricknadel aus dem Halsausschnitt 72 (76/80/84/84) M in Kirschrot auffassen und 3 cm im Rippenmuster in Rd stricken. Dann die M im Rippenmuster abketten.

FERTIGSTELLUNG

Wenn nicht eingestrickt, den Schriftzug ab Markierungen im Maschenstich aufsticken. Seiten- und Ärmelnähte schließen. Die Ärmel einsetzen.

20 Kleid

mit pastellfarbenem Jacquardmuster
und Rippenbündchen.
Wollmischgarn.

21 Jacke

mit romantischer Ajourmuster-Bordüre
und Bindebändern.
Weiches Polyestergarn.

Kleid

GRÖSSEN

2 Jahre (4 Jahre/6 Jahre/8 Jahre/10 Jahre)

MATERIAL

Wollmischgarn (LL 111 m/50 g): 100 (150/150/200/250) g Hellgrau, 100 (100/100/150/150) g Rosa • Stricknadeln Nr. 3,5 und Nr. 4 • eine 40 cm lange Rundstricknadel Nr 3,5

MUSTER

Rippenmuster: 1 M re, 1 M li im Wechsel.
Glatt rechts: Hin-R re M, Rück-R li M.
Jacquardmuster: Nach Zählmuster auf Seite 82 glatt re stricken, dabei den unbenutzen Faden auf der Rückseite der Arbeit locker weiterführen. Gezeichnet sind die Hin- und Rück-R. Die M laut Text einteilen. Die 1.–64. R wiederholen.

MASCHENPROBE

Im Jacquardmuster mit Nadeln Nr. 4: 22 M und 28 R = 10 x 10 cm

SO WIRD'S GEMACHT

Rückenteil

76 (82/86/92/96) M mit Nd Nr. 3,5 in Hellgrau anschlagen und 2 cm im Rippenmuster stricken. Glatt re im Jacquardmuster mit Nd Nr. 4 weiterarbeiten, dabei in der 1. R 1 (0/1/0/1) M zunehmen und die M wie folgt einteilen: Die 18 M des Zählmusters 4 (4/4/5/5) x stricken, mit den ersten 5 (10/15/2/7) M enden = 77 (82/87/92/97) M.
Für die Taillierung ab Bund beidseitig 2 M ab Rand wie folgt abnehmen:
2 Jahre: In jeder 10. R 4 x 1 M, dann in jeder 8. R 4 x 1 M.
4 Jahre: In jeder 14. R 2 x 1 M, dann in jeder 12. R 5 x 1 M.
6 Jahre: In jeder 16. R 6 x 1 M.
8 Jahre: In jeder 18. R 6 x 1 M.
10 Jahre: Nach 22 R 1 x 1 M, dann in jeder 20. R 5 x 1 M.
= 61 (68/75/80/85) M.
Nach 28,5 (35,5/39/45/50,5) cm = 80 (100/110/126/142) R ab Rippenmuster (= nach einer 16. (36./46./62./14.) R des Zählmusters) für die Armausschnitte beidseitig in jeder 2. R wie folgt abketten:
2 und 4 Jahre: 1 x 3 M, 2 x 2 M und 2 x 1 M.
6 und 8 Jahre: 1 x 3 M, 2 x 2 M und 3 x 1 M.
10 Jahre: 1 x 4 M, 1 x 3 M, 1 x 2 M und 2 x 1 M.
= 43 (50/55/60/63) M.
Nach 38,5 (47,5/53/60/66,5) cm ab Rippenmuster für die Schulterschrägungen beidseitig in jeder 2. R wie folgt abketten:
2 Jahre: 4 x 2 M.
4 Jahre: 1 x 2 M und 3 x 3 M.
6 Jahre: 4 x 3 M.
8 Jahre: 3 x 3 M und 1 x 4 M.
10 Jahre: 2 x 3 M und 2 x 4 M.
Gleichzeitig mit der 1. Schulterabnahme für den Halsausschnitt die mittleren 9 (10/13/16/17) M abketten und beide Seiten getrennt beenden. Für die Rundung am Ausschnittrand in jeder 2. R 1 x 5 M und 1 x 4 M abketten.

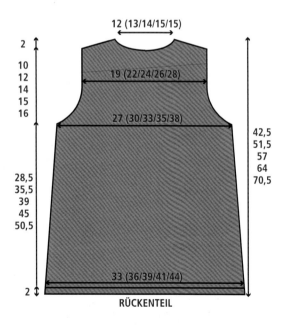

RÜCKENTEIL

Vorderteil

Wie das Rückenteil stricken, jedoch mit tieferem Halsausschnitt. Dafür nach 35 (44/48,5/55,5/62) cm ab Rippenmuster die mittleren 9 (10/11/14/15) M abketten und beide Seiten getrennt beenden. Für die Rundung am Ausschnittrand wie folgt abketten:

2 und 4 Jahre: In jeder 2. R 1 x 3 M, 2 x 2 M und 2 x 1 M.

6, 8 und 10 Jahre: In jeder 2. R 2 x 3 M, 1 x 2 M und 1 x 1 M, nach weiteren 4 R 1 x 1 M.

Nach 38,5 (47,5/53/60/66,5) cm ab Rippenmuster die Schulterschrägungen wie beim Rückenteil arbeiten.

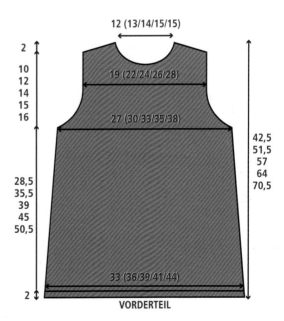

12 (13/14/15/15)

2
10
12
14
15
16

19 (22/24/26/28)

27 (30/33/35/38)

42,5
51,5
57
64
70,5

28,5
35,5
39
45
50,5

33 (36/39/41/44)

2

VORDERTEIL

Kleid (Fortsetzung)

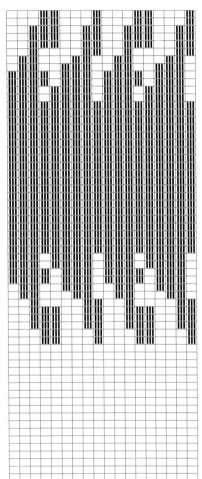

64

Die 64 R des Zählmusters stets wiederholen.

1

18 Maschen

☐ Hellgrau
▥ Rosa

Ärmel

43 (50/55/60/63) M mit Nd Nr. 3,5 und Hellgrau anschlagen und 2 cm im Rippenmuster stricken. Glatt re im Jacquardmuster mit Nd Nr. 4 weiterarbeiten, dabei mit der 17. (37./47./63./15.) R des Zählmusters beginnen. Die 18 M des Zählmusters 2 (2/3/3/3) x stricken, mit den ersten 7 (14/1/6/9) M enden.

Gleichzeitig ab Rippenmuster für die Armkugel beidseitig wie folgt abketten:

2 Jahre: In jeder 2. R 1 x 1 M, dann in jeder 4. R 7 x 1 M.

4 Jahre: In jeder 2. R 1 x 2 M und 1 x 1 M, in jeder 4. R 7 x 1 M, nach weiteren 2 R 1 x 2 M.

6 Jahre: In jeder 2. R 1 x 2 M und 2 x 1 M, in jeder 4. R 6 x 1 M, dann in jeder 2. R 2 x 1 M und 1 x 2 M.

8 Jahre: In jeder 2. R 1 x 2 M und 5 x 1 M, in jeder 4. R 5 x 1 M, dann in jeder 2. R 3 x 1 M und 1 x 2 M.

10 Jahre: In jeder 2. R 1 x 2 M und 5 x 1 M, in jeder 4. R 5 x 1 M, dann in jeder 2. R 4 x 1 M und 1 x 2 M.

Nach 11 (12/13/14/15) cm ab Rippenmuster die restlichen 27 (26/27/26/27) M abketten.

Den zweiten Ärmel ebenso stricken.

Halsausschnittblende

Schulternähte schließen.

Mit der Rundstricknadel aus dem Halsausschnitt 84 (88/92/96/100) M in Hellgrau auffassen, 1 Rd li M und 2 cm im Rippenmuster stricken. Dann alle M im Rippenmuster abketten.

FERTIGSTELLUNG

Seiten- und Ärmelnähte schließen. Einen Faden am oberen Rand der Armkugel einziehen und diese einhalten. Ärmel einsetzen, dabei die Kräuselungen gleichmäßig verteilen.

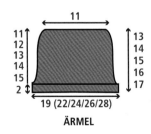

11

11 12 13 14 15 2

13 14 15 16 17

19 (22/24/26/28)

ÄRMEL

❀ 21 Jacke

GRÖSSEN
2 Jahre (4 Jahre/6 Jahre/8–10 Jahre)

MATERIAL
Polyestergarn (LL 96 m/50 g): 250 (300/350/400) g Hellrosa • Strick-nadeln Nr. 3,5

MUSTER
Glatt rechts: Hin-R re M, Rück-R li M.
Ajourmuster: Nach der Strickschrift stricken. Gezeichnet sind Hin- und Rück-R. Die 1.–10. R 1 x stricken.
Doppelte Abnahme (in einer Hin-R): 2 M zusammen re abheben, 1 M re stricken, dann die abgehobenen M über die gestrickte M ziehen, die Mittel-M liegt obenauf.

MASCHENPROBEN
Glatt rechts mit Nadeln Nr. 3,5: 23 M und 32 R = 10 x 10 cm
Ajourmuster mit Nadeln Nr. 3,5: 10 R = 3,5 cm hoch

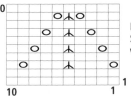

Die 10 M der Strickschrift stets wiederholen

☐ = in Hin-R 1 M re, in Rück-R 1 M li

O = 1 Umschlag

⅄ = 2 M zusammen wie zum Re-Stricken abheben, 1 M re stricken, dann die abgehobenen M über die gestrickte M ziehen, die Mittel-M liegt obenauf.

SO WIRD'S GEMACHT
Rückenteil
71 (73/81/91) M mit Nd Nr. 3,5 anschlagen und im Ajourmuster stricken, dabei mit 1 (2/1/1) M glatt re beginnen, die 10 M der Strickschrift 7 (7/8/9) x arbeiten, mit 0 (1/0/0) M glatt re enden. Nach 10 R Ajourmuster glatt re weiterarbeiten, dabei in der 1. R verteilt 2 M abnehmen (2 M zunehmen/2 M zunehmen/2 abnehmen) = 69 (75/83/89) M.
Nach 14 (16/18/21) cm ab Anschlag für die Armausschnitte beidseitig in jeder 2. R wie folgt abketten:
2 und 4 Jahre: 1 x 3 M, 1 x 2 M und 4 x 1 M.
6 und 8/10 Jahre: 1 x 3 M, 2 x 2 M und 3 x 1 M.
= 51 (57/63/69) M.
Nach 26 (30/34/39) cm ab Anschlag für die Schulterschrägungen beid-seitig in jeder 2. R wie folgt abketten:
2 Jahre: 3 x 2 M und 1 x 3 M.
4 Jahre: 1 x 2 M und 3 x 3 M.
6 Jahre: 3 x 3 M und 1 x 4 M.
8 Jahre: 1 x 3 M und 3 x 4 M.
Gleichzeitig mit der 1. Schulterabnahme für den Halsausschnitt die mitt-leren 21 (23/23/25) M abketten und beide Seiten getrennt beenden. Für die Rundung am Ausschnittrand in jeder 2. R wie folgt abketten:
2 und 4 Jahre: 1 x 4 M und 1 x 2 M.
6 und 8–10 Jahre: 1 x 5 M und 1 x 2 M.

Rechtes Vorderteil
52 (53/62/62) mit Nd Nr. 3,5 anschlagen und im Ajourmuster stricken, dabei mit 1 (2/1/1) M glatt re beginnen, die 10 M der Strickschrift 5 (5/6/6) x arbeiten, mit 1 M glatt re enden. Nach 10 R Ajourmuster glatt re weiterarbeiten, dabei verteilt 2 (0/5/2) M abnehmen.
= 50 (53/57/60) M.
Nach 14 (16/18/21) cm ab Anschlag für den Armausschnitt am linken Rand in jeder 2. R wie folgt abketten:
2 und 4 Jahre: 1 x 3 M, 1 x 2 M und 4 x 1 M.
6 und 8–10 Jahre: 1 x 3 M, 2 x 2 M und 3 x 1 M.
= 41 (44/47/50) M.
Nach 22,5 (26,5/29,5/34,5) cm ab Anschlag für die Kräuselung 4 M re stricken, dann 8 dopp Abnahmen arbeiten, restliche M re stricken = 25 (28/31/34) M.

Jacke (Fortsetzung)

Nach 23 (27/30/35) cm ab Anschlag für den Halsausschnitt am rechten Rand in jeder 2. R wie folgt abketten:

2 Jahre: 1 x 12 M, 1 x 2 M und 2 x 1 M.
4 Jahre: 1 x 12 M, 2 x 2 M und 1 x 1 M.
6 Jahre: 1 x 12 M, 2 x 2 M und 2 x 1 M.
8 Jahre: 1 x 12 M, 3 x 2 M und 1 x 1 M.

Nach 26 (30/34/39) cm ab Anschlag die Schulterschrägung wie beim Rückenteil stricken.

Das linke Vorderteil gegengleich stricken.

Ärmel

46 (50/54/60) M mit Nd Nr. 3,5 anschlagen und glatt re stricken, dabei beidseitig 2 M ab Rand wie folgt zunehmen:

2 Jahre: keine Zunahmen.
4 Jahre: Nach 24 R 1 x 1 M.
6 Jahre: Nach 26 R 1 x 1 M.
8 Jahre: In jeder 22. R 2 x 1 M.

= 46 (52/56/64) M.

Nach 11,5 (14,5/16,5/20,5) cm ab Anschlag für die Armkugel beidseitig wie folgt abketten:

2 Jahre: In jeder 2. R 2 x 1 M, nach 10 R 1 x 1 M, nach 8 R 1 x 1 M, nach 10 R 1 x 1 M und nach weiteren 2 R 1 x 2 M.

4 Jahre: In jeder 2. R 1 x 2 M und 2 x 1 M, nach 10 R 1 x 1 M, nach 8 R 1 x 1 M, nach 10 R 1 x 1 M, in jeder 2. R 1 x 1 M und 1 x 2 M.

6 Jahre: In jeder 2. R 1 x 2 M und 3 x 1 M, nach 10 R 1 x 1 M, nach 8 R 1 x 1 M, nach 10 R 1 x 1 M, in jeder 2. R 2 x 1 M und 1 x 2 M.

8 Jahre: In jeder 2. R 2 x 2 M und 3 x 1 M, nach 10 R 1 x 1 M, nach 8 R 1 x 1 M, nach 10 R 1 x 1 M, in jeder 2. R 2 x 1 M und 2 x 2 M.

= 32 M.

Nach 22,5 (26,5/29,5/35) cm ab Anschlag die Kräuselung wie folgt arbeiten: 4 M re stricken, dann 8 dopp Abnahmen arbeiten, 4 M re stricken. Nach 23 (27/30/35,5) cm ab Anschlag die restlichen 16 M locker abketten.

Den zweiten Ärmel ebenso stricken.

BINDEBAND

11 M mit Nd Nr. 3,5 anschlagen und 110 (112/115/117) cm glatt re stricken. Die M abketten.

FERTIGSTELLUNG

Schulter- und Seitennähte schließen. Die Ärmelnähte schließen, dabei für den Rollsaum die Naht am unteren Rand über 1 cm auf der Außenseite schließen. Ärmel einsetzen. Den Rollsaum mit Nähgarn fixieren. Die Mitte des Bindebands in der Mitte des rückwärtigen Halsausschnitts ansetzen und das Band an einer Längskante beidseitig an den Halsausschnitt nähen. Enden beidseitig zum Binden hängen lassen.

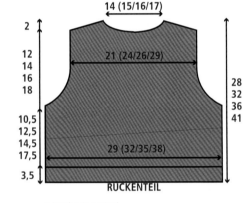

RÜCKENTEIL

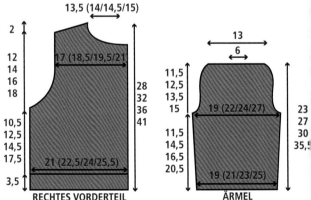

RECHTES VORDERTEIL

ÄRMEL

22 23 Loop und Pullover

Loop im Lochmuster gestrickt, mit Kordel und Pompons verziert.
Pullover einfarbig glatt rechts mit kleinem Schleifenschmuck.
Acryl-Woll-Mischgarn und Lambswool-Mischgarn.

22 Loopschal

GRÖSSEN
2–4 Jahre (6–8 Jahre/10 Jahre)

MATERIAL
Wollmischgarn (LL 84 m/50 g): 100 (150/150) g Schwarz, 50 g Rubinrot, 50 g Creme • Stricknadeln Nr. 3,5 und Nr. 4 • Strickliesel

MUSTER
Rippenmuster: 2 M re, 2 M li im Wechsel.
Glatt rechts: Hin-R re M, Rück-R li M.
Lochmuster: Nach der Strickschrift stricken. Gezeichnet sind Hin- und Rück-R.

MASCHENPROBE
Im Lochmuster mit Nadeln Nr. 4: 18 M und 29 R = 10 x 10 cm

SO WIRD'S GEMACHT
82 (94/102) M mit Nd Nr. 3,5 und Schwarz anschlagen und 3 cm im Rippenmuster stricken, dabei die 1. R und alle weiteren Hin-R mit 2 M re beginnen und beenden. Dann mit Nd Nr. 4 in folgender Einteilung weiterstr, dabei in der 1 R 1 M zunehmen (1 M abnehmen/1 M zunehmen): 1 M glatt re, 80 (90/100) M Lochmuster, 2 M glatt re = 83 (93/103) M.
Nach 19 (24/29) cm ab Rippenmuster für den Umschlag weitere 8 cm im Rippenmuster wie zuvor beschrieben stricken, dabei in der 1. R 1 M abnehmen (1 M zunehmen/1 M abnehmen) = 82 (94/102) M. Nach 27 (32/37) cm ab Anfangs-Rippenmuster alle M locker im Rippenmuster abketten.

FERTIGSTELLUNG
Schmalkanten des Loops zusammennähen.
Mit der Strickliesel eine ca. 30 cm lange Kordel in Creme arbeiten. Zwei Pompons mit 3 cm Durchmesser in Rubinrot anfertigen. An jedes Kordel-Ende 1 Pompon nähen. Die Kordel zu einer Schleife binden und diese auf dem Rippen-Umschlag fixieren.

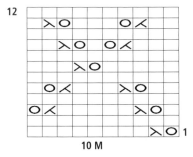

12

10 M

1

Die 10 M und 12 R der Strickschrift stets wiederholen.

☐ = in Hin-R 1 M re, in Rück-R 1 M li

O = 1 Umschlag

⋋ = 1 einf Überzug: 1 M re abheben, 1 M re stricken, die abgehobene M überziehen

⋌ = 2 M re zusammenstricken

23 Pullover

GRÖSSEN
2 Jahre (4 Jahre/6 Jahre/8 Jahre/10 Jahre)

MATERIAL
Lambswool-Mischgarn (LL 134 m/50 g): 150 (200/250/300/350) g Rot • Stricknadeln Nr. 2,5 und Nr. 3 • eine 40 cm lange Rundstricknadel Nr 2,5

MUSTER
Rippenmuster: 1 M re, 1 M li im Wechsel.
Glatt rechts: Hin-R re M, Rück-R li M.

MASCHENPROBE
Glatt rechts mit Nadeln Nr. 3: 26 M und 35 R = 10 x 10 cm

SO WIRD'S GEMACHT
Rückenteil
72 (80/88/94/100) M mit Nd Nr. 2,5 anschlagen und 8 cm im Rippenmuster stricken. Glatt re mit Nd Nr. 3 weiterarbeiten.
Nach 5 (7/9/11/14) cm ab Rippenmuster für die Armausschnitte beidseitig in jeder 2. R wie folgt abketten:
2 und 4 Jahre: 1 x 4 M, 1 x 3 M, 1 x 2 M und 1 x 1 M.
6 und 8 Jahre: 1 x 4 M, 1 x 3 M, 1 x 2 M und 3 x 1 M.
10 Jahre: 1 x 4 M, 1 x 3 M, 2 x 2 M und 2 x 1 M.
= 52 (60/64/70/74) M.
Nach 17 (21/25/28/32) cm ab Rippenmuster für die Schulterschrägungen beidseitig in jeder 2. R wie folgt abketten:
2 Jahre: 5 x 2 M.
4 Jahre: 2 x 2 M und 3 x 3 M.
6 Jahre: 1 x 2 M und 4 x 3 M.
8 Jahre: 5 x 3 M.
10 Jahre: 3 x 3 M und 2 x 4 M.
Gleichzeitig mit der 1. Schulterabnahme für den Halsausschnitt die mittleren 8 (10/12/16/16) M abketten und beide Seiten getrennt beenden. Für die Rundung am Ausschnittrand in jeder 2. R 3 x 4 M abketten.

Vorderteil
Wie das Rückenteil stricken, jedoch mit tieferem Halsausschnitt. Dafür bereits nach 15 (19/22/25/29) cm ab Rippenmuster die mittleren 6 (8/10/14/14) M abketten und beide Seiten getrennt beenden. Für die Rundung am Ausschnittrand wie folgt abketten:
2 und 4 Jahre: In jeder 2. R 1 x 4 M, 1 x 3 M, 2 x 2 M und 2 x 1 M.
6, 8 und 10 Jahre: In jeder 2. R 1 x 4 M, 1 x 3 M, 2 x 2 M und 1 x 1 M, nach weiteren 4 R 1 x 1 M.
Nach 17 (21/25/28/32) cm ab Rippenmuster die Schulterschrägungen wie beim Rückenteil arbeiten.

Pullover (Fortsetzung)

Ärmel

44 (46/48/52/54) M mit Nd Nr. 2,5 anschlagen und 3 cm im Rippenmuster stricken. Glatt re mit Nd Nr. 3 weiterarbeiten, dabei beidseitig jeweils 1 M ab Rand wie folgt zunehmen:

2 Jahre: Nach 32 R 1 x 1 M.

4 Jahre: In jeder 16. R 4 x 1 M.

6 Jahre: In jeder 14. R 4 x 1 M, dann in jeder 12. R 2 x 1 M.

8 Jahre: In jeder 16. R 3 x 1 M, dann in jeder 14. R 3 x 1 M.

10 Jahre: In jeder 14. R 4 x 1 M, dann in jeder 12. R 4 x 1 M.

= 46 (54/60/64/70) M.

Nach 18 (22/26/29,5/33) cm ab Rippenmuster für die Armkugel beidseitig wie folgt abketten:

2 Jahre: In jeder 2. R 1 x 2 M und 4 x 1 M, in jeder 4. R 4 x 1 M, dann in jeder 2. R 4 x 1 M und 1 x 2 M.

4 Jahre: In jeder 2. R 1 x 2 M und 8 x 1 M, nach 4 R 1 x 1 M, dann in jeder 2. R 7 x 1 M und 1 x 2 M.

6 Jahre: In jeder 2. R 2 x 2 M und 7 x 1 M, in jeder 4. R 2 x 1 M, dann in jeder 2. R 6 x 1 M und 2 x 2 M.

8 Jahre: In jeder 2. R 2 x 2 M und 8 x 1 M, in jeder 4. R 2 x 1 M, dann in jeder 2. R 7 x 1 M und 2 x 2 M.

10 Jahre: In jeder 2. R 3 x 2 M und 7 x 1 M, in jeder 4. R 3 x 1 M und in jeder 2. R 6 x 1 M und 3 x 2 M.

Nach 28 (33/38/42,5/47) cm ab Rippenmuster die restlichen 14 M abketten.

Den zweiten Ärmel ebenso stricken.

Halsausschnittblende

Schulternähte schließen.
Mit der Rundstricknadel aus dem Halsausschnitt 100 (104/108/112/112) auffassen und 3 cm im Rippenmuster in Rd stricken. Dann die M im Rippenmuster abketten.

Schleifenband

7 M mit Nd Nr. 2,5 anschlagen und 35 cm im Rippenmuster stricken. Die M abketten. Ein zweites Band ebenso arbeiten.

FERTIGSTELLUNG

Seiten- und Ärmelnähte schließen. Die Ärmel einsetzen. Die beiden Bänder jeweils zu Schleifen binden und auf der linken Seite des Vorderteils befestigen (siehe Foto).

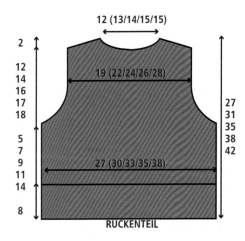

RÜCKENTEIL

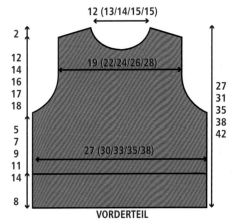

VORDERTEIL

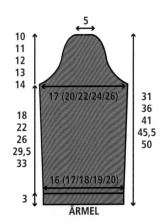

ÄRMEL

 24 # Jacke

mit trendiger Zipfelform und
körnigem Strukturmuster.
Wollmischgarn.

25 Pullover

mit maritimem Streifenmuster und
schmalen Rippenblenden.
Wollmischgarn.

 # Jacke

GRÖSSEN

2 Jahre (4 Jahre/6 Jahre/8 Jahre/10 Jahre)

MATERIAL

Dickeres Wollmischgarn (LL 66 m/50 g): 350 (450/500/550/650) g Brombeere • Stricknadeln Nr. 5,5 • Häkelnadel Nr. 4

MUSTER

Sandmuster:

Hin-R: Alle M re stricken.

Rück-R: 1 Rand-M, 1 M li, * 1 M re, 1 M li, ab * stets wiederholen, enden mit 1 Rand-M.

MASCHENPROBE

Im Sandmuster mit Nadeln Nr. 5,5: 17,5 M und 23 R = 10 x 10 cm

SO WIRD'S GEMACHT

Rückenteil

57 (61/67/69/75) M mit Nd Nr. 5,5 anschlagen und im Sandmuster stricken. Nach 21 (23/25/27/30) cm ab Anschlag beidseitig einen Kontrastfaden als Markierung in den Rand knoten, um den Beginn der Armausschnitte zu kennzeichnen.

Nach 34 (38/42/45/49) cm ab Anschlag alle M locker abketten, dabei bilden die mittleren 25 (27/29/31/33) M den Halsausschnitt, diese ebenfalls markieren. Die äußeren je 16 (17/19/19/21) M zählen zu den Schultern.

Rechtes Vorderteil

59 (61/63/65/67) M mit Nd Nr. 5,5 anschlagen und im Sandmuster stricken. Nach 21 (23/25/27/30) cm ab Anschlag einen Kontrastfaden als Markierung in den linken Rand knoten, um den Beginn des Armausschnitts zu kennzeichnen.

Nach 34 (38/42/45/49) cm ab Anschlag alle M locker abketten, dabei bilden die ersten 43 (44/44/46/46) M am rechten Rand den Halsausschnitt, die restlichen 16 (17/19/19/21) M die Schulter.

Das linke Vorderteil gegengleich arbeiten.

Ärmel

31 (33/35/37/39) M mit Nd Nr. 5,5 anschlagen und im Sandmuster stricken, dabei beidseitig wie folgt mustergemäß zunehmen:

2 Jahre: In jeder 8. R 4 x 1 M, dann in jeder 6. R 3 x 1 M.

4 Jahre: In jeder 8. R 3 x 1 M, dann in jeder 6. R 6 x 1 M.

6 Jahre: In jeder 6. R 12 x 1 M.

8 Jahre: In jeder 8. R 4 x 1 M, dann in jeder 6. R 8 x 1 M.

10 Jahre: In jeder 8. R 5 x 1 M, dann in jeder 6. R 8 x 1 M.

Nach 24 (28,5/33/37/40,5) cm ab Anschlag die 45 (51/59/61/65) M locker abketten.

Den zweiten Ärmel ebenso stricken.

FERTIGSTELLUNG

Schulternähte schließen. Die Ärmel zwischen den Markierungen einsetzen. Seiten- und Ärmelnähte schließen.

Vier Quasten von etwa 6 cm Länge anfertigen. Mit der Häkelnadel jeweils an den oberen und unteren Ecken der Vorderteile nacheinander anschlingen und eine ca. 6 cm lange Luftmaschenkette häkeln. Enden sichern und jeweils eine Quaste annähen.

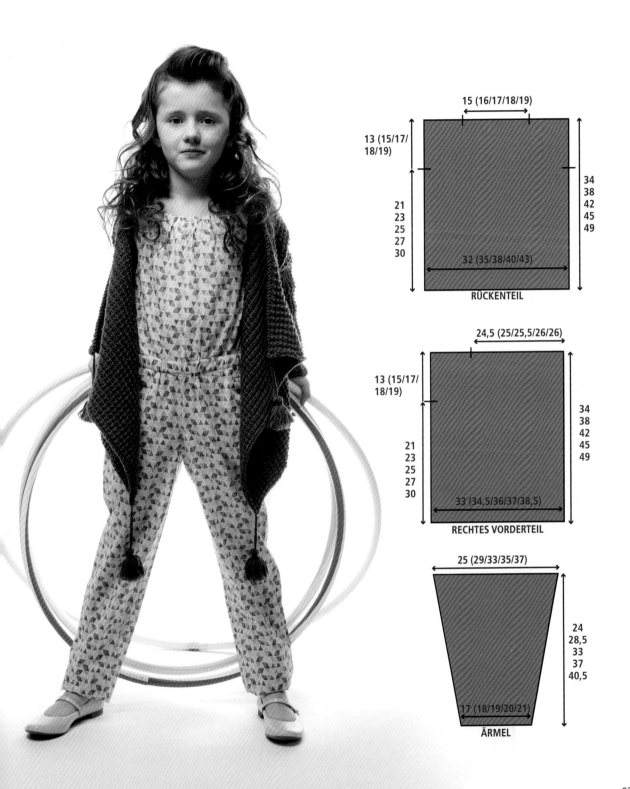

15 (16/17/18/19)

13 (15/17/18/19)

21
23
25
27
30

34
38
42
45
49

32 (35/38/40/43)

RÜCKENTEIL

24,5 (25/25,5/26/26)

13 (15/17/18/19)

21
23
25
27
30

34
38
42
45
49

33 (34,5/36/37/38,5)

RECHTES VORDERTEIL

25 (29/33/35/37)

24
28,5
33
37
40,5

17 (18/19/20/21)

ÄRMEL

✿ Pullover

GRÖSSEN

2 Jahre (4 Jahre/6 Jahre/8 Jahre/10 Jahre)

MATERIAL

Wollmischgarn (LL 111 m/50 g): 100 (100/100/150/150) g Marineblau, 100 (100/100/150/150) g Smaragdgrün, 50 (100/100/100/100) g Hellgrau, 100 (100/100/100/100) g Weiß • Stricknadeln Nr. 3 und Nr. 3,5 • eine 60 cm lange Rundstricknadel Nr. 3 • 3 Knöpfe

MUSTER

Rippenmuster: 1 M re, 1 M li im Wechsel.
Glatt rechts: Hin-R re M, Rück-R li M.
Streifenfolge: * 10 R Smaragdgrün, 4 R Weiß, 2 R Hellgrau, 10 Marineblau, 2 R Hellgrau, 4 R Weiß (= 32 R), ab * stets wiederholen.

MASCHENPROBE

Glatt rechts in der Streifenfolge mit Nadeln Nr. 3,5: 23 M und 30 R = 10 x 10 cm

SO WIRD'S GEMACHT

Rückenteil

74 (80/88/92/98) M mit Nd Nr. 3 in Smaragdgrün anschlagen und 1 cm im Rippenmuster stricken. Dann glatt re in der Streifenfolge mit Nd Nr. 3,5 weiterarbeiten.

Nach 23 (25/27/29/32) cm = 70 (76/82/88/96) R ab Rippenmuster (= nach **2 Jahre:** 6 R Smaragdgrün/**4 Jahre:** 2 R Weiß/**6 Jahre:** 2 R Marineblau/**8 Jahre:** 8 R Marineblau/**10 Jahre:** 4 R Weiß) für die Armausschnitte beidseitig in jeder 2. R wie folgt abketten:

2 und 4 Jahre: 1 x 3 M, 2 x 2 M und 1 x 1 M.
6 und 8 Jahre: 1 x 3 M, 2 x 2 M und 2 x 1 M.
10 Jahre: 1 x 4 M, 1 x 3 M, 1 x 2 M und 1 x 1 M.
= 58 (64/70/74/78) M.

Nach 37 (41/45/48/52) cm ab Rippenmuster für die Schulterschrägungen beidseitig in jeder 2. R wie folgt abketten:

2 Jahre: 1 x 3 M und 3 x 4 M.
4 Jahre: 3 x 4 M und 1 x 5 M.
6 Jahre: 1 x 4 M und 3 x 5 M.
8 Jahre: 4 x 5 M.
10 Jahre: 2 x 5 M und 2 x 6 M.

Gleichzeitig mit der 1. Schulterabnahme für den Halsausschnitt die mittleren 8 (10/12/14/14) M abketten und beide Seiten getrennt beenden. Für die Rundung am Ausschnittrand in jeder 2. R 2 x 5 M abketten.

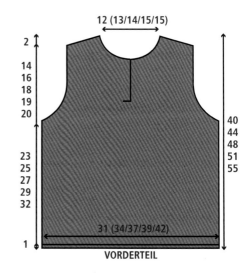

RÜCKENTEIL

VORDERTEIL

Vorderteil

Wie das Rückenteil stricken, jedoch mit Schlitz und tieferem Halsaus-
schnitt. Für den Schlitz nach 25 (29/32/35/39) cm ab Rippenmuster die
mittleren 6 M markieren. Dann bis zu den markierten M stricken, für den
Untertritt 6 M neu anschlagen und zunächst nur über den M der linken
Schulterseite weiterstricken = 32 (35/38/40/42) M nach der letzten
Armausschnitt-Abnahme.

Nach 35 (39/42/45/49) cm ab Rippenmuster für den Halsausschnitt ab
Schlitzrand in jeder 2. R wie folgt abketten:

2 Jahre: 1 x 9 M, 1 x 3 M, 1 x 2 M und 3 x 1 M.

4 Jahre: 1 x 10 M, 1 x 3 M, 1 x 2 M und 3 x 1 M.

6 Jahre: 1 x 10 M, 1 x 3 M, 1 x 2 M und 4 x 1 M.

8 und 10 Jahre: 1 x 10 M, 1 x 3 M, 2 x 2 M und 3 x 1 M.

Nach 37 (41/45/48/52) cm ab Rippenmuster die Schulterschrägung wie
beim Rückenteil arbeiten.

Die stillgelegten M wieder aufnehmen und die rechte Schulterseite
gegengleich arbeiten = 32 (35/38/40/42) M nach der letzten Armausschnitt-Abnahme.

Gleichzeitig nach 27 (31/34/37/41) ab Rippenmuster 2 M ab Schlitzrand
ein Knopfloch arbeiten, dafür 2 M re zusammenstricken und 1 Umschlag
arbeiten. Den Umschlag in der Rück-R li stricken. Nach 30 (34/37/40/
44) cm und nach 33 (37/40/43/47) cm ab Rippenmuster jeweils ein
weiteres Knopfloch ebenso arbeiten.

Pullover (Fortsetzung)

Ärmel

46 (48/50/52/54) M mit Nd Nr. 3 in Marineblau anschlagen und 1 cm im Rippenmuster stricken. Dann glatt re in der Streifenfolge mit Nd Nr. 3,5 weiterarbeiten, dabei diese wie folgt beginnen:

2 Jahre: ab * wie angegeben arbeiten.

4 Jahre: 4 R Weiß, dann ab * in der Streifenfolge weiterstricken.

6 Jahre: 4 R Marineblau, 2 R Hellgrau, 4 R Weiß, dann ab * in der Streifenfolge weiterstricken.

8 Jahre: 8 R Marineblau, 2 R Hellgrau, 4 R Weiß, dann ab * in der Streifenfolge weiterstricken.

10 Jahre: 10 R Marineblau, 2 R Hellgrau, 4 R Weiß, dann ab * in der Streifenfolge weiterstricken.

Gleichzeitig ab Rippenmuster beidseitig 1 M ab Rand wie folgt zunehmen:

2 Jahre: In jeder 6. R 10 x 1 M, nach weiteren 4 R 1 x 1 M.

4 Jahre: In jeder 6. R 10 x 1 M, dann in jeder 4. R 4 x 1 M.

6 Jahre: In jeder 6. R 14 x 1 M, nach weiteren 4 R 1 x 1 M.

8 Jahre: In jeder 6. R 16 x 1 M.

10 Jahre: In jeder 6. R 18 x 1 M.

= 68 (76/80/84/90) M.

Nach 22,5 (26,5/30,5/34/37,5) cm = 70 (80/92/102/112) R ab Rippenmuster (= nach **2 Jahre:** 6 R Smaragdgrün/**4 Jahre:** 2 R Weiß/**6 Jahre:** 2 R Marineblau/**8 Jahre:** 8 R Marineblau/**10 Jahre:** 4 R Weiß) für die Armkugel beidseitig in jeder 2. R wie folgt abketten:

2 Jahre: 2 x 3 M, 7 x 2 M und 2 x 3 M.

4 Jahre: 3 x 3 M, 6 x 2 M und 3 x 3 M.

6 Jahre: 2 x 3 M, 10 x 2 M und 2 x 3 M.

8 Jahre: 2 x 3 M, 11 x 2 M und 2 x 3 M.

10 Jahre: 2 x 3 M, 6 x 2 M, 1 x 1 M, 6 x 2 M und 2 x 3 M.

Nach 29,5 (34,5/39,5/44/48,5) cm ab Rippenmuster die restlichen 16 M abketten.

Den zweiten Ärmel ebenso stricken.

Kragen

Schulternähte schließen.

Mit der Rundstricknadel aus dem Halsausschnitt 81 (85/89/93/97) M in Hellgrau auffassen, 1 Rück-R re M und 6 cm im Rippenmuster stricken, dabei die 1. R und alle weiteren Hin-R mit 2 M re beginnen und beenden. Dann alle M im Rippenmuster locker abketten.

FERTIGSTELLUNG

Seiten- und Ärmelnähte schließen. Die Ärmel einsetzen. Anschlagkante des Untertritts innen annähen. Die Knöpfe auf den Untertritt nähen.

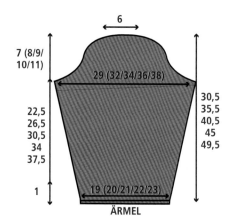

26 Pullover

klassisch mit Streifenfolge und V-Ausschnitt.
Alle Bündchen im Rippenmuster.
Wollmischgarn.

27-28 Jacke und Mütze

Bequeme Kapuzenjacke im Zopfmuster
mit zweifarbigen Rippenbündchen.
Baumwollmischgarn.
Mütze mit bewegter Streifenoptik,
glatt links gestrickt.
Wollmischgarn.

🌸 26 Pullover

GRÖSSEN
2 Jahre (4 Jahre/6 Jahre/8 Jahre/10 Jahre)

MATERIAL
Wollmischgarn (LL 111 m/50 g): 150 (150/150/200/250) g Beigegrau, 50 (50/50/50/50) g Khaki, 50 (50/50/100/100) g Kastanienbraun, 50 (50/50/50/50) g Lila, 50 (50/50/50/100) g Schwarz • Stricknadeln Nr. 3 und Nr. 3,5 • eine 40 cm lange Rundstricknadel Nr. 3

MUSTER
Rippenmuster: 1 M re, 1 M li im Wechsel.
Glatt rechts: Hin-R re M, Rück-R li M.
Streifenfolge: * 6 R Schwarz, 6 R Beigegrau, 6 R Kastanienbraun, 6 R Beigegrau, 6 R Khaki, 6 R Beigegrau, 6 R Lila, 6 R Beigegrau (= 48 R), ab * stets wiederholen.
Einfache Abnahme:
Am R-Anfang: 1 M re, 2 M re zusammenstricken.
Am R-Ende: Alle M bis auf 3 M stricken, dann 2 M überzogen zusammenstricken (= 1 M re abheben, 1 M re stricken und die abgehobene M überziehen), 1 M re.
Doppelte Abnahme:
Am R-Anfang: 1 M re, 3 M re zusammenstricken.
Am R-Ende: Alle M bis auf 4 M stricken, 3 M überzogen zusammenstricken (= 1 M re abheben, 2 M re zusammenstricken und die abgehobene M überziehen), 1 M re.

MASCHENPROBE
Glatt rechts in der Streifenfolge mit Nadeln Nr. 3,5: 23 M und 30 R = 10 x 10 cm

SO WIRD'S GEMACHT

Rückenteil

76 (82/90/94/100) M mit Nd Nr. 3 in Beigegrau anschlagen und 5 cm im Rippenmuster stricken, mit 1 Hin-R enden, dann 1 Rück-R li M arbeiten. Glatt re in der Streifenfolge mit Nd Nr. 3,5 weiterarbeiten.

Nach 18 (20/22/24/27) cm = 54 (60/66/72/82) R ab Rippenmuster (= nach: **2 Jahre:** 6 R Schwarz/**4 Jahre:** 6 R Beigegrau/**6 Jahre:** 6 R Kastanienbraun/**8 Jahre:** 6 R Beigegrau/**10 Jahre:** 6 R Khaki und 4 R Beigegrau) für die Armausschnitte beidseitig in jeder 2. R wie folgt abketten:

2 Jahre: 1 x 4 M, 1 x 3 M, 1 x 2 M und 2 x 1 M.
4 Jahre: 1 x 4 M, 1 x 3 M, 1 x 2 M und 1 x 1 M.
6 Jahre: 1 x 4 M, 1 x 3 M, 2 x 2 M und 1 x 1 M.
8 Jahre: 1 x 4 M, 1 x 3 M, 1 x 2 M und 2 x 1 M.
10 Jahre: 1 x 4 M, 1 x 3 M, 2 x 2 M und 1 x 1 M.
= 54 (62/66/72/76) M.

Nach 31 (35/39/42/46) cm ab Rippenmuster für die Schulterschrägungen beidseitig in jeder 2. R wie folgt abketten:

2 Jahre: 1 x 2 M und 3 x 3 M.
4 Jahre: 2 x 3 M und 2 x 4 M.
6 Jahre: 1 x 3 M und 3 x 4 M.
8 Jahre: 4 x 4 M.
10 Jahre: 3 x 4 M und 1 x 5 M.

Gleichzeitig mit der 1. Schulterabnahme für den Halsausschnitt die mittleren 10 (12/14/18/20) M abketten und beide Seiten getrennt beenden. Für die Rundung am Ausschnittrand in jeder 2. R 1 x 6 M und 1 x 5 M abketten.

Vorderteil

Wie das Rückenteil stricken, jedoch mit V-Ausschnitt. Dafür nach 22 (26/29/32/36) cm ab Rippenmuster die Arbeit in der Mitte teilen und beide Seiten getrennt beenden. Für die Ausschnittschräge am Ausschnittrand wie folgt abnehmen:

2 Jahre: Nach 2 R 1 einf Abnahme, dann in jeder 2. R 15 x 1 einf Abnahmen.
4 Jahre: Nach 2 R 1 dopp Abnahme, dann in jeder 2. R 15 x 1 einf Abnahme.
6 Jahre: Nach 2 R 1 dopp Abnahme, dann in jeder 2. R 16 x 1 einf Abnahme.
8 Jahre: Nach 2 R 1 dopp Abnahme, dann in jeder 2. R 2 x 1 dopp Abnahme und 14 x 1 einf Abnahme.
10 Jahre: Nach 2 R 1 dopp Abnahme, dann in jeder 2. R 3 x 1 dopp Abnahme und 13 x 1 einf Abnahme = je 11 (14/15/16/17) Schulter-M. Nach 31 (35/39/42/46) cm ab Rippenmuster die Schulterschrägungen wie beim Rückenteil arbeiten.

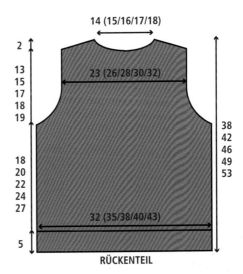

RÜCKENTEIL

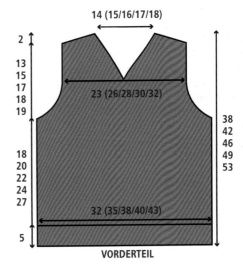

VORDERTEIL

Pullover (Fortsetzung)

Ärmel

46 (48/50/52/54) M mit Nd Nr. 3 in Beigegrau anschlagen und 5 cm im Rippenmuster stricken, mit 1 Hin-R enden, dann 1 Rück-R li M arbeiten. Glatt re in der Streifenfolge mit Nd Nr. 3,5 weiterarbeiten, dabei wie folgt beginnen:

2 Jahre: 2 R Kastanienbraun, 6 R Beigegrau, 6 R Khaki, 6 R Beigegrau, 6 R Lila, 6 R Beigegrau, dann ab * in der Streifenfolge stricken.

4 Jahre: 2 R Beigegrau, 6 R Kastanienbraun, 6 R Beigegrau, 6 R Khaki, 6 R Beigegrau, 6 R Lila, 6 R Beigegrau, dann ab * in der Streifenfolge stricken.

6 Jahre: 2 R Schwarz, 6 R Beigegrau, 6 R Kastanienbraun, 6 R Beigegrau, 6 R Khaki, 6 R Beigegrau, 6 R Lila, 6 R Beigegrau, dann ab * in der Streifenfolge stricken.

8 Jahre: Ab * in der Streifenfolge stricken.

10 Jahre: 2 R Beigegrau, dann ab * in der Streifenfolge stricken.

Gleichzeitig für die Ärmelschrägungen beidseitig 1 M ab Rand wie folgt zunehmen:

2 Jahre: In jeder 8. R 4 x 1 M.

4 Jahre: Nach 8 R 1 x 1 M, dann in jeder 6. R 6 x 1 M.

6 Jahre: In jeder 8. R 4 x 1 M, dann in jeder 6. R 4 x 1 M.

8 Jahre: In jeder 8. R 3 x 1 M, dann in jeder 6. R 7 x 1 M.

10 Jahre: In jeder 8. R 5 x 1 M, dann in jeder 6. R 6 x 1 M. = 54 (62/66/72/76) M.

Nach 12,5 (16,5/20,5/24/27,5) cm = 38 (50/62/72/84) R ab Rippenmuster (= nach **2 Jahre:** 6 R Schwarz/**4 Jahre:** 6 R Beigegrau/**6 Jahre:** 6 R Kastanienbraun/**8 Jahre:** 6 R Beigegrau/**10 Jahre:** 6 R Khaki und 4 R Beigegrau) für die Armkugel beidseitig wie folgt abketten:

2 Jahre: In jeder 2. R 2 x 2 M und 5 x 1 M, in jeder 4. R 2 x 1 M, dann in jeder 2. R 4 x 1 M und 2 x 2 M.

4 Jahre: In jeder 2. R 3 x 2 M und 5 x 1 M, nach 4 R 1 x 1 M, dann in jeder 2. R 5 x 1 M und 3 x 2 M.

6 Jahre: In jeder 2. R 4 x 2 M und 3 x 1 M, in jeder 4. R 3 x 1 M, dann in jeder 2. R 3 x 1 M und 4 x 2 M.

8 Jahre: In jeder 2. R 4 x 2 M und 6 x 1 M, nach 4 R 1 x 1 M, dann in jeder 2. R 5 x 1 M und 4 x 2 M.

10 Jahre: In jeder 2. R 5 x 2 M und 5 x 1 M, nach 4 R 1 x 1 M, dann in jeder 2. R 4 x 1 M und 5 x 2 M.

Nach 23,5 (28,5/33,5/38/42,5) cm ab Rippenmuster die restlichen 16 M abketten. Den zweiten Ärmel ebenso stricken.

Halsausschnittblende

Schulternähte schließen.

Mit der Rundstricknadel aus dem Halsausschnitt 104 (108/112/116/120) M in Beigegrau auffassen und 1 Rd li M str. Dann im Rippenmuster weiterstricken, dabei darauf achten, dass in der vorderen Spitze eine rechte M (= Mittel-M) liegt. Zur Formgebung in der 1. Rd und 3 x in jeder 2. Rd in der Spitze 1 doppelten Überzug arbeiten (= die Mittel-M mit der davorliegenden M zusammen wie zum Rechtsstricken abheben, die folgende M re stricken und die abgehobenen M darüberziehen; die Mittel-M liegt obenauf).

Nach 2 cm = 7 Rd Blendenhöhe alle M locker im Rippenmuster abketten.

FERTIGSTELLUNG

Seiten- und Ärmelnähte schließen. Die Ärmel einsetzen.

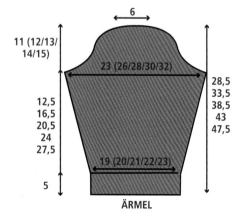

ÄRMEL

Jacke

GRÖSSEN

2 Jahre (4 Jahre/6 Jahre/8 Jahre/10 Jahre)

MATERIAL

Baumwollmischgarn (LL 124 m/50 g): 350 (400/450/500/600) g Mittelbraun, 50 g Braun • Stricknadeln Nr. 3 und Nr. 3,5 • Zopfnadel • 6 Knöpfe

MUSTER

Rippenmuster: 2 M re, 2 M li im Wechsel.
Streifenfolge: 2 R in Braun und 14 R in Mittelbraun.
Zopf-Rippenmuster: Nach der Strickschrift auf Seite 106 stricken. Gezeichnet sind Hin- und Rück-R. Die M laut Text einteilen.
Glatt rechts: Hin-R re M, Rück-R linke M.

MASCHENPROBE

Im Zopf-Rippenmuster mit Nadeln Nr. 3,5: 27 M und 29 R = 10 x 10 cm

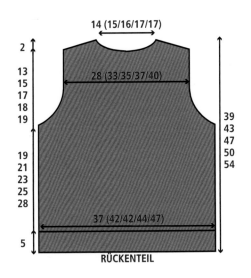

RÜCKENTEIL

SO WIRD'S GEMACHT

Rückenteil

98 (110/114/118/126) M mit Nd Nr. 3 in Braun anschlagen und im Rippenmuster in der Streifenfolge stricken, dabei die 1. R und alle weiteren Hin-R mit 2 M re beginnen und beenden. Nach 5 cm = 16 R ab Anschlag mit Nd Nr. 3,5 im Zopf-Rippenmuster weiterstricken, dabei in der 1. R verteilt 3 (4/0/2/1) M zunehmen und die M wie folgt einteilen:

2, 4, 6 und 10 Jahre: Die 13 M der Strickschrift stets wiederholen, mit den ersten 10 M enden.

8 Jahre: Mit den letzten 3 M der Strickschrift beginnen, dann die 13 M der Strickschrift stets wiederholen.

= 101 (114/114/120/127) M.

Nach 19 (21/23/25/28) cm ab Rippenmuster für die Armausschnitte beidseitig in jeder 2. R wie folgt abketten:

2 Jahre: 1 x 4 M, 1 x 3 M, 1 x 2 M und 3 x 1 M.

4 Jahre: 1 x 4 M, 1 x 3 M, 2 x 2 M und 2 x 1 M.

6, 8 und 10 Jahre: 1 x 3 M, 2 x 2 M und 3 x 1 M.

= 77 (88/94/100/107) M.

Nach 32 (36/40/43/47) cm ab Rippenmuster für die Schulterschrägungen beidseitig in jeder 2. R wie folgt abketten:

2 Jahre: 4 x 5 M.

4 Jahre: 4 x 6 M.

6 Jahre: 3 x 6 M und 1 x 7 M.

8 Jahre: 1 x 6 M und 3 x 7 M.

10 Jahre: 2 x 7 M und 2 x 8 M.

Gleichzeitig mit der 1. Schulterabnahme für den Halsausschnitt die mittleren 13 (16/20/22/23) M abketten und beide Seiten getrennt beenden. Für die Rundung am Ausschnittrand in jeder 2. R 2 x 6 M abketten.

Rechtes Vorderteil

47 (55/55/59/67) mit Nd Nr. 3 in Braun anschlagen und im Rippenmuster in der Streifenfolge stricken, dabei die 1. R und alle weiteren Hin-R mit 3 M re beginnen und mit 2 M re beenden.

Nach 5 cm = 16 R ab Anschlag mit Nd Nr. 3,5 im Zopf-Rippenmuster fortfahren, dabei in der 1. R verteilt 2 M zunehmen (3 M abnehmen/3 M abnehmen/1 M abnehmen/2 M abnehmen) und in folgender Einteilung stricken:

2 Jahre: Die 13 M der Strickschrift 3 x stricken, mit den ersten 10 M enden.

4 und 6 Jahre: Mit den letzten 3 M der Strickschrift beginnen, die 13 M der Strickschrift 3 x stricken, mit den ersten 10 M der Strickschrift enden.

Jacke (Fortsetzung)

8 Jahre: Mit 1 Masche glatt re und den letzten 5 M der Strickschrift beginnen, dann die 13 M der Strickschrift 4 x stricken.

10 Jahre: Mit den letzten 3 M der Strickschrift beginnen, die 13 M der Strickschrift 4 x stricken, mit den ersten 10 M der Strickschrift enden. = 49 (52/52/58/65) M.

Nach 19 (21/23/25/28) cm ab Rippenmuster für den Armausschnitt am linken Rand wie beim Rückenteil abketten.

= 37 (39/42/48/55) M.

Nach 28 (32/35/38/42) cm ab Rippenmuster für den Halsausschnitt am rechten Rand wie folgt abketten:

2 Jahre: In jeder 2. R 1 x 5 M, 1 x 4 M, 1 x 3 M, 1 x 2 M und 2 x 1 M, nach 4 R 1 x 1 M.

4 Jahre: In jeder 2. R 1 x 4 M, 1 x 3 M, 2 x 2 M und 4 x 1 M.

6 Jahre: In jeder 2. R 1 x 5 M, 1 x 4 M, 1 x 3 M, 1 x 2 M und 2 x 1 M, nach 4 R 1 x 1 M.

8 Jahre: In jeder 2. R 1 x 5 M, 1 x 4 M, 1 x 3 M, 3 x 2 M und 3 x 1 M.

10 Jahre: In jeder 2. R 2 x 5 M, 1 x 4 M, 1 x 3 M, 2 x 2 M und 4 x 1 M. = 20 (24/25/27/30) Schulter-M.

Nach 32 (36/40/43/47) cm ab Rippenmuster die Schulterschrägung wie beim Rückenteil arbeiten.

Das linke Vorderteil gegengleich stricken.

Ärmel

54 (58/62/62/66) M mit Nd Nr. 3 in Braun anschlagen und im Rippenmuster in der Streifenfolge stricken, dabei die 1. R und alle weiteren Hin-R mit 2 M re beginnen und beenden. Nach 5 cm = 14 R ab Anschlag mit Nd Nr. 3,5 im Zopf-Rippenmuster weiterstricken, dabei in der 1. R 1 (1/0/2/0) M zunehmen und in folgender Einteilung stricken:

2 Jahre: Mit den letzten 3 M der Strickschrift beginnen und die 13 M der Strickschrift 4 x stricken.

4 Jahre: Mit den letzten 5 M der Strickschrift beginnen, die 13 M der Strickschrift 4 x stricken, mit den ersten 2 M enden.

6 Jahre: Die 13 M der Strickschrift 4 x stricken, mit den ersten 10 M enden.

8 Jahre: Mit der letzten M der Strickschrift beginnen, die 13 M der Strickschrift 4 x stricken, mit den ersten 11 M enden.

10 Jahre: Mit den letzten 2 M der Strickschrift beginnen, die 13 M der Strickschrift 4 x stricken, mit den ersten 12 M enden. = 55 (59/62/64/66) M.

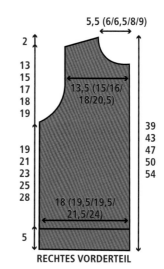

RECHTES VORDERTEIL

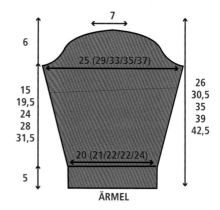

ÄRMEL

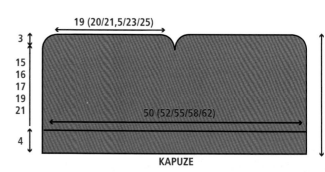

KAPUZE

Beidseitig wie folgt mustergemäß zunehmen:

2 Jahre: In jeder 6. R 6 x 1 M, dann nach 4 R 1 x 1 M.

4 Jahre: In jeder 6. R 4 x 1 M, dann in jeder 4. R 7 x 1 M.

6 Jahre: In jeder 6. R 3 x 1 M, dann in jeder 4. R 12 x 1 M.

8 Jahre: In jeder 6. R 7 x 1 M, dann in jeder 4. R 9 x 1 M.

10 Jahre: In jeder 6. R 8 x 1 M, dann in jeder 4. R 10 x 1 M.

= 69 (81/92/96/102) M.

Nach 15 (19,5/24/28/31,5) cm ab Rippenmuster für die Armkugel beidseitig in jeder 2. R wie folgt abnehmen:

2 Jahre: 1 x 4 M, 1 x 3 M, 5 x 2 M, 1 x 3 M und 1 x 4 M.

4 Jahre: 2 x 4 M, 2 x 3 M, 1 x 2 M, 2 x 3 M und 2 x 4 M.

6 Jahre: 2 x 5 M, 1 x 4 M, 3 x 3 M, 2 x 4 M und 1 x 5 M.

8 Jahre: 1 x 6 M, 1 x 5 M, 1 x 4 M, 1 x 3 M, 1 x 2 M, 1 x 3 M, 1 x 4 M, 1 x 5 M und 1 x 6 M.

10 Jahre: 2 x 6 M, 2 x 4 M, 1 x 3 M, 2 x 4 M und 2 x 5 M.

Nach 21 (25,5/30/34/37,5) cm ab Rippenmuster die restlichen 21 (21/20/20/20) M abketten.

Den zweiten Ärmel ebenso stricken.

Kapuze

132 (140/152/156/164) mit Nd Nr. 3 in Braun anschlagen und im Rippenmuster in der Streifenfolge stricken, jedoch nur 8 R in Mittelbraun arbeiten und die 1. R und jede weitere Hin-R mit 3 M re beginnen und beenden.

Nach 4 cm = 10 R ab Anschlag mit Nd Nr. 3,5 im Zopf-Rippenmuster weiterstricken, dabei in der 1. R 1 (0/1/3/2) M zunehmen und die M wie folgt einteilen:

2 und 8 Jahre: Mit den letzten 3 M der Strickschrift beginnen, dann die 13 M der Strickschrift stets wiederholen.

4, 6 und 10 Jahre: Die 13 M der Strickschrift stets wiederholen, mit den ersten 10 M enden.

= 133 (140/153/159/166) M.

Nach 15 (16/17/19/21) cm ab Rippenmuster die Mittel-M abketten bzw die Arbeit in der Mitte teilen und beide Seiten getrennt beenden = je 66 (70/76/79/83) M. Bei jedem Kapuzenteil beidseitig in jeder 2. R 2 x 1 M und 3 x 2 M abketten. Nach 18 (19/20/22/24) cm ab Rippenmuster die restlichen je 50 (54/60/63/67) M abketten.

Jacke (Fortsetzung)

Verschlussblenden

Für die re Blende 92 (100/108/116/128) M mit Nd Nr. 3 in Braun anschlagen und im Rippenmuster in der Streifenfolge stricken, jedoch nur 8 R in Mittelbraun arbeiten und die 1. R und jede weitere Hin-R mit 3 M re beginnen und beenden. Nach 4 cm = 10 R ab Anschlag alle M im Rippenmuster abketten.

Li Blende ebenso stricken, jedoch in der 5. R sechs Knopflöcher wie folgt einarbeiten: Jeweils 2 M abketten und in der folgenden Reihe wieder neu anschlagen. Das 1. Knopfloch 2 (4/3/4/3) M ab Rand arbeiten, die folgenden jeweils im Abstand von 15 (16/18/19/22) M.

FERTIGSTELLUNG

Schulter-, Seiten- und Ärmelnähte schließen. Die Ärmel einsetzen. Die Verschlussblenden an die Vorderteilkanten nähen. Die rückwärtige Naht der Kapuze schließen. Die Kapuze in den Halsausschnitt nähen. Die Schmalkanten von Kapuzen- und Verschlussblenden zusammennähen. Knöpfe annähen.

Zopf-Rippenmuster

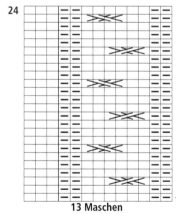

Die 24 R der Strickschrift stets wiederholen.

13 Maschen

☐ = in Hin-R 1 M re, in Rück-R 1 M li

— = in Hin-R 1 M li, in Rück-R 1 M re

 = 4 M nach re verkreuzen: 2 M auf eine Zopf-Nd hinter die Arbeit legen, 2 M re, dann die M der Zopf-Nd re stricken

= 4 M nach li verkreuzen: 2 M auf eine Zopf-Nd vor die Arbeit legen, 2 M re, dann die M der Zopf-Nd re stricken

28 Mütze

GRÖSSEN
2–4 Jahre (6–8 Jahre/10 Jahre)

MATERIAL
Wollmischgarn (LL 111 m/50 g): je 50 g Braun, Kastanienbraun, Beige-grau und Gelb • 40 cm lange Rundstricknadel und 1 Nadelspiel Nr. 3,5

MUSTER
Glatt rechts in Rd: Stets re M stricken.
Glatt links in Rd: Stets li M stricken.
Streifenfolge: je 1 Rd * Braun, Kastanienbraun, Braun, Beigegrau, Braun und Gelb, ab * stets wiederholen.

MASCHENPROBE
Glatt links in der Streifenfolge mit Nadeln Nr. 3,5: 23 M und 30 R = 10 x 10 cm

SO WIRD'S GEMACHT
94 (104/114) M mit Nd Nr. 3,5 mit Braun anschlagen, Arbeit zur Rd schließen und für den Rollrand 5 cm glatt re in der Streifenfolge stricken. Dann glatt li in der Streifenfolge weiterarbeiten, dabei in der 1. Rd verteilt 10 M zunehmen = 104 (114/124) M.
Nach 9 (10/11) cm ab Rollrand 11 M wie folgt abnehmen:
6 M li, * 2 M li zusammenstricken, 7 (8) 9 M li, ab * noch 9 x wiederho-len, enden mit 2 M li zusammenstricken und 6 M li.
= 93 (103/113) M.
Diese Abnahmen jeweils über den gleichen Stellen in jeder 2. Rd noch 7 (8/9) x wiederholen, bei Bedarf zum Nadelspiel wechseln = 16 (15/14) M. In der folgenden 2. Rd 0 (1) 0 M li stricken, dann stets 2 M li zusammen-stricken. Die restlichen 8 (8/7) M mit dem Arbeitsfaden fest zusammen-ziehen.

FERTIGSTELLUNG
Rand einrollen, eventuell mit einigen Stichen fixieren.

29 # Kurzjacke

mit Leuchtfarben auf
schwarzem Grund.
Wollmischgarn.

30 Mütze

mit Zierkordel aus der
Strickliesel.
Wollmischgarn.

Kurzjacke

GRÖSSEN
2 Jahre (4 Jahre/6 Jahre/8 Jahre/10 Jahre)

MATERIAL
Wollmischgarn (LL 111 m/50 g): 100 (100/150/150/200) g Schwarz und je 50 g Fuchsia, Rotviolett, Orange, Rosarot und Lila • Stricknadeln Nr. 3 und Nr. 3,5 • eine 60 cm lange Rundstricknadel Nr. 3 • 6 (6/6/8/8) Knöpfe

MUSTER
Rippenmuster: 1 M re, 1 M li im Wechsel.
Glatt rechts: Hin-R re M, Rück-R li M.
Streifenfolge: * 6 R Lila, 6 R Schwarz, 6 R Orange, 6 R Schwarz, 6 R Rosarot, 6 R Schwarz, 6 R Fuchsia, 6 R Schwarz, 6 R Rotviolett, 6 R Schwarz (= 60 R), ab * stets wiederholen.

MASCHENPROBE
Glatt rechts in der Streifenfolge mit Nd Nr. 3,5: 23 M und 30 R = 10 x 10 cm

SO WIRD'S GEMACHT
Rückenteil
71 (77/83/89/95) M mit Nd Nr. 3 in Schwarz anschlagen und 3 cm = 9 R im Rippenmuster und 1 Rück-R li M stricken, dabei in dieser R 1 M zunehmen = 72 (78/84/90/96) M.
Mit Nd Nr. 3,5 glatt re in der Streifenfolge weiterarbeiten.
Nach 4 (7/10/12/15) cm = 12 (22/30/36/46) R ab Rippenmuster (= nach **2 Jahre:** 6 R Schwarz/**4 Jahre:** 4 R Schwarz/**6 Jahre:** 6 R Rosarot/**8 Jahre:** 6 R Schwarz/**10 Jahre:** 4 R Schwarz) für die Armausschnitte beidseitig in jeder 2. R wie folgt abketten:
2 und 4 Jahre: 1 x 3 M, 1 x 2 M und 2 x 1 M.
6 und 8 Jahre: 1 x 3 M, 2 x 2 M und 1 x 1 M.
10 Jahre: 1 x 3 M, 2 x 2 M und 2 x 1 M.
= 58 (64/68/74/78) M.
Nach 17 (21/25/28/32) cm ab Rippenmuster für die Schulterschrägungen beidseitig in jeder 2. R wie folgt abketten:
2 Jahre: 1 x 3 M und 3 x 4 M.
4 Jahre: 3 x 4 M und 1 x 5 M.
6 Jahre: 2 x 4 M und 2 x 5 M.
8 Jahre: 4 x 5 M.
10 Jahre: 2 x 5 M und 2 x 6 M.
Gleichzeitig mit der 1. Schulterabnahme für den Halsausschnitt die mittleren 6 (8/10/12/12) M abketten und beide Seiten getrennt beenden. Für die Rundung am Ausschnittrand in jeder 2. R 1 x 6 M und 1 x 5 M abketten.

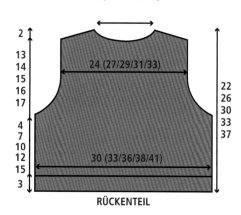

RÜCKENTEIL

Rechtes Vorderteil

39 (43/45/48/51) M mit Nd Nr. 3 in Schwarz anschlagen und 3 cm = 9 R im Rippenmuster stricken, dabei die 1. R und alle weiteren Hin-R mit 2 M re beginnen und beenden. Dann 1 Rück-R li M stricken. Mit Nd Nr. 3,5 glatt re in der Streifenfolge weiterarbeiten. Nach 4 (7/10/12/15) cm = 12 (22/30/36/46) R ab Rippenmuster für den Armausschnitt am linken Rand in jeder 2. R wie folgt abketten:

2 und 4 Jahre: 1 x 3 M, 1 x 2 M und 2 x 1 M.
6 und 8 Jahre: 1 x 3 M, 2 x 2 M und 1 x 1 M.
10 Jahre: 1 x 3 M, 2 x 2 M und 2 x 1 M.
= 32 (36/37/40/42) M.

Nach 15 (19/22/25/29) cm ab Rippenmuster für den Halsausschnitt am rechten Rand in jeder 2. R wie folgt abketten:

2 Jahre: 1 x 5 M, 1 x 4 M, 1 x 3 M, 1 x 2 M, 3 x 1 M.
4 Jahre: 1 x 5 M, 1 x 4 M, 2 x 3 M, 1 x 2 M, 2 x 1 M.
6 Jahre: 1 x 5 M, 1 x 4 M, 2 x 3 M, 1 x 2 M, 2 x 1 M.
8 und 10 Jahre: 1 x 5 M, 1 x 4 M, 2 x 3 M, 1 x 2 M, 3 x 1 M.
= 15 (17/18/20/22) Schulter-M.

Nach 17 (21/25/28/32) cm ab Rippenmuster die Schulterschrägung am linken Rand wie beim Rückenteil stricken.

Das linke Vorderteil gegengleich stricken.

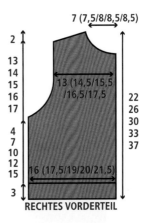

7 (7,5/8/8,5/8,5)

2
13
14
15
16
17

13 (14,5/15,5/16,5/17,5)

22
26
30
33
37

4
7
10
12
15

16 (17,5/19/20/21,5)

3

RECHTES VORDERTEIL

Ärmel

46 (48/50/52/54) M mit Nd Nr. 3 in Schwarz anschlagen und 3 cm = 9 R im Rippenmuster und 1 Rück-R li M stricken. Mit Nd Nr. 3,5 glatt re wie folgt arbeiten:

2 Jahre: 4 R Schwarz, 6 R Rosarot, 6 R Schwarz, 6 R Fuchsia, 6 R Schwarz, 6 R Rotviolett, 6 R Schwarz, dann ab * in der Streifenfolge stricken.

4 Jahre: 6 R Schwarz, 6 R Rosarot, 6 R Schwarz, 6 R Fuchsia, 6 R Schwarz, 6 R Rotviolett, 6 R Schwarz, dann ab * in der Streifenfolge stricken.

6 Jahre: 4 R Orange, 6 R Schwarz, 6 R Rosarot, 6 R Schwarz, 6 R Fuchsia, 6 R Schwarz, 6 R Rotviolett, 6 R Schwarz, dann ab * in der Streifenfolge stricken.

8 und 10 Jahre: 4 R Schwarz, 6 R Orange, 6 R Schwarz, 6 R Rosarot, 6 R Schwarz, 6 R Fuchsia, 6 R Schwarz, 6 R Rotviolett, 6 R Schwarz, dann ab * in der Streifenfolge stricken.

Gleichzeitig ab Rippenmuster beidseitig 1 M ab Rand wie folgt zunehmen:

2 und 4 Jahre: Keine Zunahmen arbeiten.

6 Jahre: Nach 38 R 1 x 1 M zunehmen.

8 Jahre: In jeder 22. R 3 x 1 M zunehmen.

10 Jahre: In jeder 20. R 2 x 1 M zunehmen, dann in jeder 18. R 2 x 1 M zunehmen.

= 46 (48/52/58/62) M.

Nach 17,5 (21,5/25,5/29/32,5) cm = 52 (64/76/88/98) R ab Rippenmuster (= nach **2 Jahre:** 6 R Schwarz/**4 Jahre:** 4 R Schwarz/**6 Jahre:** 6 R Rosarot/**8 Jahre:** 6 R Schwarz/**10 Jahre:** 4 R Schwarz) für die Armkugel beidseitig wie folgt abketten:

2 Jahre: In jeder 2. R 2 x 2 M und 4 x 1 M, in jeder 4. R 2 x 1 M, dann in jeder 2. R 3 x 1 M und 2 x 2 M.

4 Jahre: In jeder 2. R 2 x 2 M und 4 x 1 M, in jeder 4. R 3 x 1 M, dann in jeder 2. R 3 x 1 M und 2 x 2 M.

6 Jahre: In jeder 2. R 3 x 2 M und 3 x 1 M, in jeder 4. R 3 x 1 M, dann in jeder 2. R 2 x 1 M und 3 x 2 M.

8 Jahre: In jeder 2. R 2 x 2 M und 7 x 1 M, nach 4 R 1 x 1 M, dann in jeder 2. R 7 x 1 M und 2 x 2 M.

10 Jahre: In jeder 2. R 3 x 2 M und 6 x 1 M, in jeder 4. R 2 x 1 M, dann in jeder 2. R 5 x 1 M und 3 x 2 M.

Nach 27,5 (32,5/37,5/42/46,5) cm ab Rippenmuster die restlichen 12 M abketten.

Den zweiten Ärmel ebenso stricken.

Verschlussblenden

Mit der Rundstricknadel aus der Kante des linken Vorderteils 44 (54/60/68/78) M in Schwarz auffassen und 6 R glatt re stricken, dann die M abketten.

Rechte Blende ebenso stricken, jedoch in der 3. R 6 (6/6/8/8) Knopflöcher einarbeiten, dafür 2 M abketten und in der folgenden R wieder neu anschlagen. Das erste Knopfloch 3 (3/2/2/4) M ab Rand, die folgenden jeweils im Abstand von je 5 (7/9/7/8) M arbeiten.

Halsausschnittblende

Schulternähte schließen.

Mit der Rundstricknadel aus den Schmalkanten der Blenden und dem Halsausschnitt 88 (92/96/100/100) M in Schwarz auffassen, 1 Rück-R re M und 6 R glatt re stricken, dann die M re abketten.

FERTIGSTELLUNG

Seiten- und Ärmelnähte schließen. Die Ärmel einsetzen. Die Knöpfe annähen.

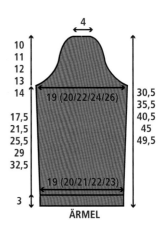

ÄRMEL

Mädchen-Mütze

GRÖSSEN
2–4 Jahre (6–8 Jahre/10 Jahre)

MATERIAL
Wollmischgarn (LL 111 m/50 g): je 50 g Schwarz, Orange, Rotviolett, Rosarot, Fuchsia und Lila • Stricknadeln Nr. 3 und Nr. 3,5 • Strickliesel

MUSTER
Rippenmuster: 1 M re, 1 M li im Wechsel.
Glatt rechts: Hin-R re M, Rück-R li M.

MASCHENPROBE
Glatt rechts mit Nadeln Nr. 3,5: 23 M und 30 R = 10 x 10 cm

SO WIRD'S GEMACHT
104 (114/124) M in Schwarz mit Nd Nr. 3 anschlagen und 3 cm im Rippenmuster stricken. Glatt re mit Nd Nr. 3,5 weiterarbeiten. Nach 9 (10/11) cm ab Rippenmuster 11 M wie folgt abnehmen: 6 M re, * 2 M re zusammenstricken, 7 (8/9) M re, ab * noch 9 x wiederholen, enden mit 2 M re zusammenstricken und 6 M re = 93 (103/113) M.
Diese Abnahmen noch 7 (8/9) x in jeder 2. R wiederholen, dabei die Abnahmen jeweils über den vorherigen Abnahmen arbeiten, der Abstand zwischen den Abnahmen verringert sich = 16 (15/14) M.
In der folgenden Hin-R 0 (1/0) M re stricken, dann stets 2 M re zusammenstricken. 1 Rück-R li M arbeiten, danach die restlichen 8 (8/7) M mit dem Arbeitsfaden zusammenziehen.

FERTIGSTELLUNG
Mützennaht schließen. Mit der Strickliesel eine 60 cm lange Kordel in folgender Farbfolge anfertigen: Orange, Fuchsia, Rotviolett, Rosarot und Lila, dabei die Farben immer nach 12 cm wechseln. Die Kordel laut Foto falten, mit einem Faden fixieren und seitlich an die Mütze nähen.

Jungen-Mütze
(Foto auf Seite 114)

GRÖSSEN
2–4 Jahre (6–8 Jahre/10 Jahre)

MATERIAL
Wollmischgarn (LL 111 m/50 g): 50 g Schwarz • Stricknadeln Nr. 3 und Nr. 3,5 • 1 Knopf

MUSTER
Rippenmuster: 1 M re, 1 M li im Wechsel.
Glatt rechts: Hin-R re M, Rück-R li M.

MASCHENPROBE
Glatt rechts mit Nadeln Nr. 3,5: 23 M und 30 R = 10 x 10 cm

SO WIRD'S GEMACHT
104 (114/124) M in Schwarz mit Nd Nr. 3 anschlagen und 3 cm im Rippenmuster stricken. Glatt re mit Nd Nr. 3,5 weiterarbeiten. Nach 9 (10/11) cm ab Rippenmuster 11 M wie folgt abnehmen: 6 M re, * 2 M re zusammenstricken, 7 (8/9) M re, ab * noch 9 x wiederholen, enden mit 2 M re zusammenstricken und 6 M re = 93 (103/113) M.
Diese Abnahmen noch 7 (8/9) x in jeder 2. R wiederholen, dabei die Abnahmen jeweils über den vorherigen Abnahmen arbeiten, der Abstand zwischen den Abnahmen verringert sich = 16 (15/14) M.
In der folgenden Hin-R 0 (1/0) M re stricken, dann stets 2 M re zusammenstricken. 1 Rück-R li M arbeiten, danach die restlichen 8 (8/7) M mit dem Arbeitsfaden zusammenziehen.

Lasche
11 M in Schwarz mit Nd Nr. 3 anschlagen und im Rippenmuster stricken, dabei die 1. R und alle weiteren Hin-R mit 2 M re beginnen und beenden. Nach 5 cm alle M locker abketten.

FERTIGSTELLUNG
Mützennaht schließen. Die Lasche seitlich an die Mütze nähen. Den Knopf als Zierde auf die Lasche nähen.

31 Pullover

mit tollem Jacquardmuster und
breiten Rippenbündchen.
Wollmischgarn.

32 Cape

mit Zopfmustersaum, Querrippenmuster
und Umschlagkragen.
Wollmischgarn.

🌸 Pullover

GRÖSSEN
4 Jahre (6 Jahre/8–10 Jahre)

MATERIAL
Wollmischgarn (LL 111 m/50 g): 150 (200/250) g Hellgrau, 50 (50/50) g Dunkelgrau, 100 (100/100) g Schwarz, 50 (50/50) g Weiß, 50 (50/100) g Orange • Stricknadeln Nr. 3 und Nr. 3,5 • eine 40 cm lange Rundstricknadel Nr 3

MUSTER
Rippenmuster: 2 M re, 2 M li im Wechsel.
Glatt rechts: Hin-R re M, Rück-R li M.
Jacquardmuster: Nach dem Zählmuster auf Seite 119 glatt re stricken, dabei den unbenutzten Faden locker auf der Rückseite der Arbeit weiterführen. Gezeichnet sind Hin- und Rück-R. Die M laut Text einteilen.

MASCHENPROBE
Glatt rechts im Jacquardmuster mit Nadeln Nr. 3,5: 27 M und 29 R = 10 x 10 cm

SO WIRD'S GEMACHT
Rückenteil
98 (106/114) M mit Nd Nr. 3 in Hellgrau anschlagen und 5 cm im Rippenmuster stricken, dabei die 1. R und alle weiteren Hin-R mit 2 M re beginnen und beenden. Dann 6 (6/2) R glatt re in Hellgrau mit Nd Nr. 3,5 arbeiten, dabei in der 1. R 1 M abnehmen = 97 (105/115) M. Glatt re im Jacquardmuster weiterstricken, dabei mit der 21. (15./1.) R beginnen und die M wie folgt einteilen:

4 Jahre: Mit den letzten 15 M des Zählmusters beginnen, die 24 M 3 x stricken, mit den ersten 10 M enden.
6 Jahre: Mit den letzten 19 M des Zählmusters beginnen, die 24 M 3 x stricken mit den ersten 14 M enden.
8–10 Jahre: Die 24 M des Zählmusters 4 x stricken, mit den ersten 19 M enden.
Nach (20/22/25,5) cm ab Rippenmuster für die Armausschnitte beidseitig in jeder 2. R wie folgt abketten:
4 Jahre: 1 x 4 M, 1 x 3 M, 2 x 2 M und 4 x 1 M.
6 Jahre: 1 x 4 M, 1 x 3 M, 3 x 2 M und 3 x 1 M.
8–10 Jahre: 1 x 4 M, 1 x 3 M, 4 x 2 M und 2 x 1 M.
= 67 (73/81) M.
Nach 34 (38/43) cm ab Rippenmuster für die Schulterschrägungen beidseitig in jeder 2. R wie folgt abketten:
4 Jahre: 2 x 3 M und 2 x 4 M.
6 Jahre: 4 x 4 M.
8–10 Jahre: 1 x 4 M und 3 x 5 M.
Gleichzeitig mit der 1. Schulterabnahme für den Halsausschnitt die mittleren 17 (17/19) M abketten und beide Seiten getrennt beenden. Für die Rundung am Ausschnittrand in jeder 2. R 1 x 6 (7/7) M und 1 x 5 M abketten.

Vorderteil
Wie das Rückenteil stricken, jedoch mit tieferem Halsausschnitt. Dafür nach 31 (34/39) cm ab Rippenmuster die mittleren 15 (15/17) M abketten und beide Seiten getrennt beenden. Für die Rundung am Ausschnittrand in jeder 2. R 2 x 3 M, 2 x 2 M und 2 (3/3) x 1 M abketten.
Gleichzeitig nach 34 (38/43) cm ab Rippenmuster die Schulterschrägungen wie beim Rückenteil stricken.

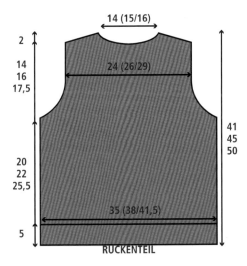

14 (15/16)

2

14
16
17,5

24 (26/29)

41
45
50

20
22
25,5

35 (38/41,5)

5

RÜCKENTEIL

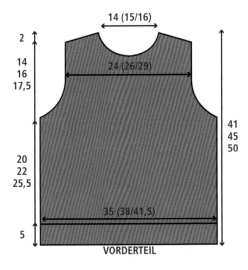

14 (15/16)

2

14
16
17,5

24 (26/29)

41
45
50

20
22
25,5

35 (38/41,5)

5

VORDERTEIL

Pullover (Fortsetzung)

Ärmel

54 (58/62) M mit Nd Nr. 3 in Hellgrau anschlagen und 5 cm im Rippenmuster stricken, dabei die 1. R und alle weiteren Hin-R mit 2 M re beginnen und beenden. Dann 0 (6/6) R glatt re in Hellgrau stricken, dabei in der 1. R 3 (1/1) M zunehmen = 57 (59/63) M.

Glatt re im Jacquardmuster mit Nd Nr. 3,5 weiterstricken, dabei mit der 21. (15./1.) R des Zählmuster beginnen und die M wie folgt einteilen: Mit den letzten 19 (20/22) M des Zählmusters beginnen, die 24 M 1 x stricken, mit den ersten 14 (15/17) M des Zählmusters enden.

Gleichzeitig ab Rippenmuster 1 M ab Rand wie folgt zunehmen:

4 Jahre: Nach 12 R 1 x 1 M, dann in jeder 10. R 3 x 1 M.

6 Jahre: In jeder 10. R 4 x 1 M, dann in jeder 8. R 2 x 1 M.

8–10 Jahre: In jeder 10. R 3 x 1 M, dann in jeder 8. R 5 x 1 M. = 65 (71/79) M.

Nach 18 (22/27,5) cm ab Rippenmuster für die Armkugel beidseitig wie folgt abketten:

4 Jahre: In jeder 2. R 2 x 3 M, 1 x 2 M und 2 x 1 M, in jeder 4. R 4 x 1 M, dann in jeder 2. R 1 x 1 M, 1 x 2 M und 2 x 3 M.

6 Jahre: In jeder 2. R 2 x 3 M, 2 x 2 M und 1 x 1 M, in jeder 4. R 4 x 1 M, dann in jeder 2. R 1 x 1 M, 2 x 2 M und 2 x 3 M.

8–10 Jahre: In jeder 2. R 2 x 3 M, 2 x 2 M und 4 x 1 M, in jeder 4. R 3 x 1 M, dann in jeder 2. R 3 x 1 M, 2 x 2 M und 2 x 3 M.

Nach 30 (35/42) cm ab Rippenmuster die restlichen 19 M abketten.

Den zweiten Ärmel ebenso stricken.

Halsausschnittblende

Schulternähte schließen.

Mit der Rundstricknadel aus dem Halsausschnitt 92 (100/104) M in Hellgrau auffassen, 1 Rd li M, 1 Rd re M und 4 cm im Rippenmuster stricken.
Dann alle M im Rippenmuster abketten.

FERTIGSTELLUNG

Seiten- und Ärmelnähte schließen. Die Ärmel einsetzen.

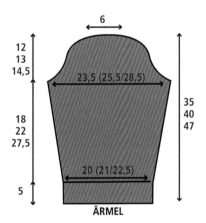

ÄRMEL

Schwarz
Hellgrau
+ Orange
O Weiß
— Dunkelgrau

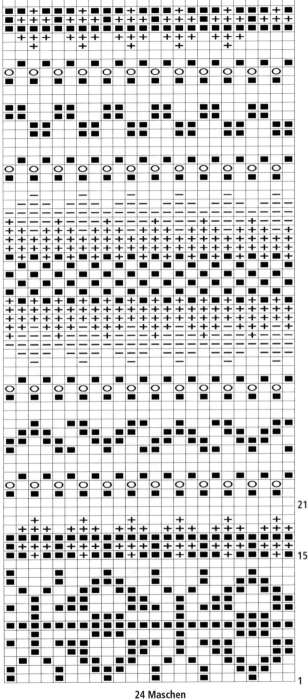

Zählmuster

78

21

15

1

24 Maschen

Die 78 R des Zählmusters wiederholen.

🞂 Cape

GRÖSSEN
2–4 Jahre (6–8 Jahre/10–12 Jahre)

MATERIAL
Wollmischgarn (LL 66 m/50 g): 450 (550/600) g Taupe • Stricknadeln Nr. 5 und Nr. 5,5 • eine 80 cm lange Rundstricknadel Nr 5 • 5 Knöpfe

MUSTER
Rippenmuster: 2 M re, 2 M li im Wechsel.
Glatt rechts: Hin-R re M, Rück-R li M.
Glatt links: Hin-R li M, Rück-R re M.
Querrippenmuster: * 8 R glatt re, 2 R glatt li (= 10 R), ab * stets wiederholen.
Zopfmuster: Nach der Strickschrift auf Seite 123 stricken. Gezeichnet sind Hin- und Rück-R.
Blendenmuster: 1 M re, 1 M li im Wechsel.

MASCHENPROBE
Im Querrippenmuster mit Nadeln Nr. 5: 15 M und 21 R = 10 x 10 cm

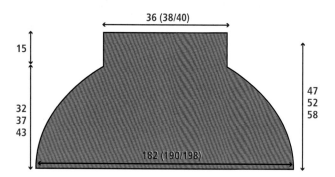

SO WIRD'S GEMACHT
274 (286/298) M mit Nd Nr. 5 anschlagen und im Querrippenmuster stricken. Nach 6 (8/10) cm = 12 (16/20) R ab Anschlag für die Armschlitze die Arbeit wie folgt teilen:
Zuerst über die ersten 22 (24/26) M, dann über die letzten 22 (24/26) M jeweils 15 cm = 32 R im Querrippenmuster stricken. Dann die M stilllegen. Die mittleren 230 (238/246) M aufnehmen und im Querrippenmuster weiterarbeiten. In der 19. (19./29.) R ab Anschlag = 1. R eines Glattlinks-Streifens 28 (29/30) M wie folgt abnehmen:
* 6 M li, 2 M li zusammenstricken, ab * noch 27 (28/29) x wiederholen, enden mit 6 M li.
= 202 (209/216) M.
In der folgenden 10. R 28 (29/30) M wie folgt abnehmen:
* 5 M li, 2 M li zusammenstricken, ab * noch 27 (28/29) x wiederholen, enden mit 6 M li.
= 174 (180/186) M.
In der folgenden 10. R 28 (29/30) M wie folgt abnehmen:
* 4 M li, 2 M li zusammenstricken, ab * noch 27 (28/29) x wiederholen, enden mit 6 M li.
= 146 (151/156) M.
Nach 21 (23/25) cm = 44 (48/52) R ab Anschlag wieder über alle 190 (199/208) M im Zusammenhang stricken, dabei in der 1. Reihe wie folgt 30 (32/34) M abnehmen:
2–4 Jahre: 7 M re, * 2 M re zusammenstricken, 4 M re, ab * noch 28 x wiederholen, enden mit 2 M re zusammenstricken und 7 M re.
6–8 Jahre: 6 M li, * 2 M li zusammenstricken, 4 M li, ab * noch 30 x wiederholen, enden mit 2 M li zusammenstricken und 5 M li.
10–12 Jahre: 4 M re, * 2 M re zusammenstricken, 4 M re, ab * noch 32 x wiederholen, enden mit 2 M re zusammenstricken und 4 M re.
= 160 (167/174) M.
In der folgenden 6. (10./12.) R 30 (32/34) M wie folgt abnehmen:
2–4 Jahre: 7 M re, * 2 M re zusammenstricken, 3 M re *, ab * noch 28 x wiederholen, enden mit 2 M re zusammenstricken und 6 M re.
6–8 Jahre: 5 M li, * 2 M li zusammenstricken, 3 M li, ab * noch 30 x wiederholen, enden mit 2 M li zusammenstricken und 5 M li.
10–12 Jahre: 3 M re, * 2 M re zusammenstricken, 3 M re, ab * noch 32 x wiederholen, enden mit 2 M re zusammenstricken und 4 M re.
= 130 (135/140) M.

In der folgenden 6. (10./12.) R 30 (32/34) M wie folgt abnehmen:

2–4 Jahre: 7 M re, * 2 M re zusammenstricken, 2 M re, ab * noch 28 x wiederholen enden mit 2 M re zusammenstricken und 5 M re.

6–8 Jahre: 5 M li, * 2 M li zusammenstricken, 2 M li, ab * noch 30 x wiederholen, enden mit 2 M li zusammenstricken und 4 M li.

10–12 Jahre: 3 M re, * 2 M re zusammenstricken, 2 M re, ab * noch 32 x wiederholen, enden mit 2 M re zusammenstricken und 3 M re. = 100 (103/106) M.

In der folgenden 4. (4./6.) R 19 (20/20) M wie folgt abnehmen:

2–4 Jahre: 5 M re, * 2 M re zusammenstricken, 3 M re, ab * noch 18 x wiederholen.

6–8 Jahre: 3 M re, * 2 M re zusammenstricken, 3 M re, ab * noch 19 x wiederholen.

10–12 Jahre: 5 M re, * 2 M re zusammenstricken, 3 M re, ab * noch 19 x wiederholen, enden mit 1 M re. = 81 (83/86) M.

In der folgenden 4. R 19 (20/20) M wie folgt abnehmen:

2–4 Jahre: 5 M re, * 2 M re zusammenstricken, 2 M re, ab * noch 18 x wiederholen.

6–8 Jahre: 3 M re, * 2 M re zusammenstricken, 2 M re, ab * noch 19 x wiederholen.

10–12 Jahre: 5 M re, * 2 M re zusammenstricken, 2 M re, ab * noch 19 x wiederholen, enden mit 1 M re. = 62 (63/66) M.

Nach 32 (37/43) cm = 68 (78/90) R ab Anschlag für den Kragen 15 cm im Rippenmuster stricken, dabei in der 1. R verteilt 6 (3/2) M abnehmen und jede R mit 3 M li beginnen und beenden. Dann die 56 (60/64) Kragen-M locker abketten.

Cape (Fortsetzung)

Saumblende

18 M mit Nd Nr. 5,5 anschlagen und in folgender Einteilung stricken:
3 M glatt re, 2 M glatt li, 8 M Zopfmuster, 2 M glatt li und 3 M glatt re.
Nach 182 (190/198) cm ab Anschlag die M abketten.

Linke Verschlussblende

9 M mit Nd Nr. 5 anschlagen und im Blendenmuster stricken, dabei die
1. R und alle weiteren Hin-R mit 2 M re beginnen und beenden. Nach 57
(62/68) cm ab Anschlag die M locker abketten.
Rechte Verschlussblende ebenso stricken, jedoch fünf Knopflöcher einarbeiten. Dafür jeweils die mittl 3 M abketten und in der folgenden R
wieder neu anschlagen. Das 1. Knopfloch nach 10 cm ab Anschlag, die
folgenden jeweils nach weiteren 6 (8,5/10) cm.

Fertigstellung

Die Saumblende mit 1 Längskante an den unteren Rand nähen. Die
Verschlussblenden an die Vorderteilkanten inklusive Schmalkante von
Saumblende und Kragen nähen, dabei die Naht im Kragenbereich auf
der Außenseite schließen. Knöpfe annähen.

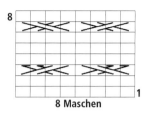

8 Maschen

Die 8 R der Strickschrift stets wiederholen.

= in Hin-R 1 M re, in Rück-R 1 M li

= in Hin-R 1 M li, in Rück-R 1 M re

= 4 M nach rechts verkreuzen: 2 M auf eine
Zopf-Nd hinter die Arbeit legen, 2 M re, dann
die 2 M der Zopf-Nd re stricken

= 4 M nach links verkreuzen: 2 M auf eine
Zopf-Nd vor die Arbeit legen, 2 M re, dann
die 2 M der Zopf-Nd re stricken

= 4 M nach rechts verkreuzen: 2 M auf eine
Zopf-Nd hinter die Arbeit legen, 2 M re, dann
die 2 M der Zopf-Nd li stricken

= 4 M nach links verkreuzen: 2 M auf eine
Zopf-Nd vor die Arbeit legen, 2 M li, dann
die 2 M der Zopf-Nd re stricken

🌸 33 Weste

im Fantasiemuster, mit festen Maschen,
Kettmaschen und Krebsmaschen umhäkelt.
Baumwollmischgarn.

34 Pullover

glatt rechts mit großen Farbflächen
und Rippenbündchen.
Wollmischgarn.

🍀 Weste

GRÖSSEN
2 Jahre (4 Jahre/6 Jahre/8 Jahre/10 Jahre)

MATERIAL
Baumwollmischgarn (LL 40 m/50 g): 250 (300/400/400/500) g Petrol, 50 (50/100/100/100) g Anthrazit • Stricknadeln Nr. 7 • Häkelnadel Nr. 6

MUSTER
Fantasiemuster:
1. R: * 1 M re, 1 M abheben (Faden liegt hinter der M) , ab * stets wiederholen, enden mit 1 M re.
2. R: * 1 M li, 1 M abheben (Faden liegt vor der M), ab * stets wiederholen, enden mit 1 M li.
3. R: Alle M re stricken.
4. R: Alle M li stricken.
5. R: 1 M re, * 1 M re, 1 M abheben (Faden liegt hinter der M), ab * stets wiederholen, enden mit 2 M re.
6. R: 1 M li, * 1 M li, 1 M abheben (Faden liegt vor der M), ab *stets wiederholen, enden mit 2 M li.
7. R: Alle M re stricken.
8. R: Alle M li stricken.
Die 1.–8. R stets wiederholen.

Kettmasche: Mit der Häkel-Nd in eine M einstechen, den Faden um die Nd legen und durch die M und die Schlinge auf der Nd ziehen.
Feste Masche: Mit der Häkel-Nd in eine M einstechen, den Faden um die Nd legen und durch die M ziehen, nun sind zwei Schlingen auf der Nd. Den Faden erneut um die Nd legen und durch die beiden Schlingen auf der Nd ziehen.
Krebsmasche: Wie eine feste M, aber von li nach re häkeln.

MASCHENPROBE
Im Fantasiemuster mit Nadeln Nr. 7: 12 M und 20 R = 10 x 10 cm

SO WIRD'S GEMACHT
Rücken- und Vorderteil
In einem Stück beginnen: 79 (85/93/99/107) M in Petrol mit Nd Nr. 7 anschlagen und im Fantasiemuster stricken.
Nach 24 (26/28/30/33) cm ab Anschlag die Arbeit teilen und für das re Vorderteil zunächst nur über die ersten 19 (21/23/25/27) M weiterarbeiten. Gleichzeitig für den Armausschnitt am linken Rand in jeder 2. R wie folgt abketten:
2, 6 und 10 Jahre: 1 x 2 M und 3 x 1 M.
4 und 8 Jahre: 1 x 2 M und 2 x 1 M.
Gleichzeitig nach 24 (26/29/32/36) cm ab Anschlag für den Halsausschnitt am rechten Rand 1 x 1 M und dann wie folgt abketten:
2 Jahre: In der 2. R 1 x 1 M, dann in jeder 4. R 5 x 1 M.
4 Jahre: In der 2. R 1 x 1 M, dann in jeder 4. R 6 x 1 M.
6 Jahre: In jeder 2. R 2 x 1 M, dann in jeder 4. R 6 x 1 M.
8 und 10 Jahre: In jeder 2. R 6 x 1 M, dann in jeder 4. R 4 x 1 M.
Nach 37 (41/45/48/52) cm ab Anschlag die restlichen 7 (9/9/10/11) M abketten.
Das linke Vorderteil über den letzten 19 (21/23/25/27) M gegengleich stricken.

Dann für das Rückenteil über die mittleren 41 (43/47/49/53) M weiterstricken. Gleichzeitig für die Armausschnitte beidseitig in jeder 2. R wie folgt abketten:
2, 6 und 10 Jahre: 1 x 2 M und 3 x 1 M.
4 und 8 Jahre: 1 x 2 M und 2 x 1 M.
= 31 (35/37/41/43) M.
Nach 36 (40/44/47/51) cm ab Anschlag für den Halsausschnitt die mittleren 17 (17/19/21/21) M abketten und beide Seiten getrennt beenden.
Nach 37 (41/45/48/52) cm ab Anschlag die restlichen 7 (9/9/10/11) M abketten.

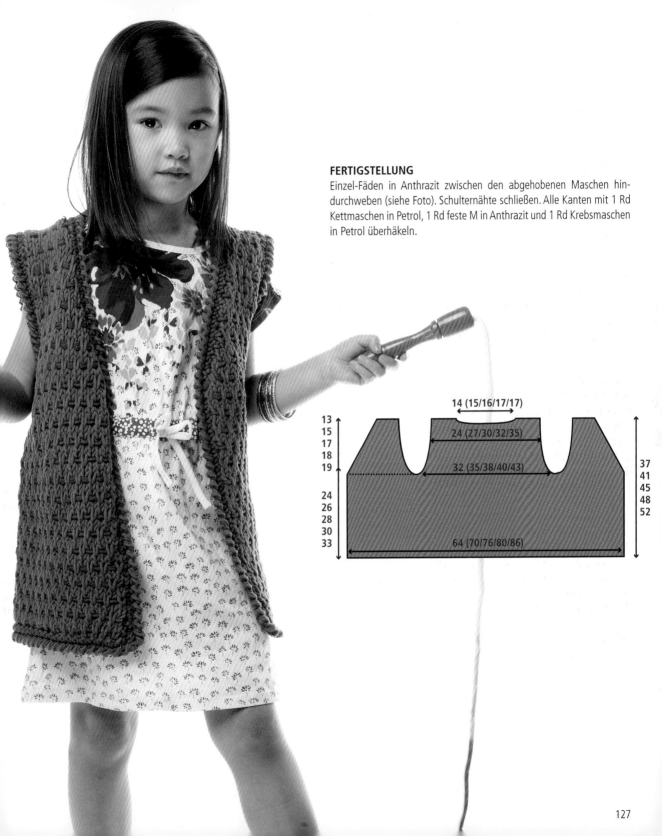

FERTIGSTELLUNG

Einzel-Fäden in Anthrazit zwischen den abgehobenen Maschen hindurchweben (siehe Foto). Schulternähte schließen. Alle Kanten mit 1 Rd Kettmaschen in Petrol, 1 Rd feste M in Anthrazit und 1 Rd Krebsmaschen in Petrol überhäkeln.

14 (15/16/17/17)

24 (27/30/32/35)

32 (35/38/40/43)

13
15
17
18
19

24
26
28
30
33

37
41
45
48
52

64 (70/76/80/86)

❀ Pullover

GRÖSSEN
4 Jahre (6 Jahre/8–10 Jahre)

MATERIAL
Wollmischgarn (LL 111 m/50 g): 100 (100/100) g Schwarz, 150 (150/200) g Hellgrau, 50 (100/100) g Dunkelgrau, 100 (100/100) g Türkis • Stricknadeln Nr. 3 und Nr. 3,5 • eine 40 cm lange Rundstricknadel Nr. 3

MUSTER
Rippenmuster: 1 M re, 1 M li im Wechsel.
Glatt rechts: Hin-R re M, Rück-R li M.
Farbflächenmuster: Nach den Zählmustern auf den Seiten 130 (4 und 6 Jahre) und 131 (8–10 Jahre) glatt re stricken. Jede Farbfläche mit einem gesonderten Knäuel stricken, und beim Farbwechsel die Fäden auf der Rückseite der Arbeit miteinander verkreuzen. Die Zählmuster zeigen einen Musterausschnitt beidseitig der Mitte, die benötigten M-Zahlen sind unter dem Zählmuster angegeben. Gezeichnet sind Hin- und Rück-R. Jeweils nach der letzten R des Zählmusters in gegebener Farbeinteilung weiterstricken.
Streifenfolge, rechter Ärmel: 34 (40/48) R Dunkelgrau, 32 (38/44) R Schwarz und 24 (28/34) R Hellgrau.
Streifenfolge, linker Ärmel: 38 (46/54) R Hellgrau, 52 (60/72) R Türkis.

MASCHENPROBE
Glatt rechts und im Farbflächenmuster mit Nadeln Nr. 3,5: 23 M und 30 R = 10 x 10 cm

SO WIRD'S GEMACHT
Rückenteil
84 (92/100) M mit Nd Nr. 3 in Hellgrau anschlagen und 4 cm im Rippenmuster stricken. Im Farbflächenmuster mit Nd Nr. 3,5 nach dem entsprechenden Zählmuster weiterarbeiten. Nach 18 (20/23,5) cm ab Rippenmuster für die Armausschnitte beidseitig in jeder 2. R wie folgt abketten:
4 Jahre: 1 x 3 M, 3 x 2 M und 2 x 1 M.
6 und 8–10 Jahre: 2 x 3 M, 3 x 2 M und 1 x 1 M.
= 62 (66/74) M.
Nach 34 (38/43) cm ab Rippenmuster für die Schulterschrägungen beidseitig in jeder 2. R wie folgt abketten:
4 Jahre: 3 x 3 M und 1 x 4 M.
6 Jahre: 2 x 3 M und 2 x 4 M.
8–10 Jahre: 3 x 4 M und 1 x 5 M.
Gleichzeitig mit der 1. Schulterabnahme für den Halsausschnitt die mittleren 12 (14/16) M abketten und beide Seiten getrennt beenden. Für die Rundung am Ausschnittrand in jeder 2. R 2 x 6 M abketten.

Vorderteil
84 (92/100) M mit Nd Nr. 3 in Hellgrau anschlagen und 4 cm im Rippenmuster stricken. Im Farbflächenmuster mit Nd Nr. 3,5 nach dem entsprechenden Zählmuster weiterarbeiten. Nach 18 (20/23,5) cm ab Rippenmuster die Armausschnitte beidseitig wie beim Rückenteil arbeiten = 62 (66/74) M.
Nach 31 (34/39) cm ab Rippenmuster für den Halsausschnitt die mittleren 8 (8/10) M abketten und beide Seiten getrennt beenden. Für die Rundung am Ausschnittrand in jeder 2. R wie folgt abketten:
4 Jahre: 1 x 4 M, 1 x 3 M, 3 x 2 M und 1 x 1 M.
6 Jahre: 1 x 4 M, 1 x 3 M, 2 x 2 M und 4 x 1 M.
8–10 Jahre: 1 x 4 M, 2 x 3 M, 1 x 2 M und 3 x 1 M.
Gleichzeitig nach 34 (38/43) cm ab Rippenmuster die Schulterschrägungen wie beim Rückenteil arbeiten.

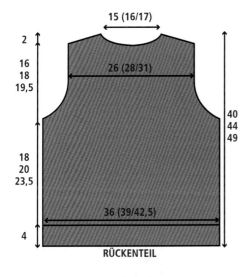

15 (16/17)

2

16
18
19,5

26 (28/31)

40
44
49

18
20
23,5

36 (39/42,5)

4

RÜCKENTEIL

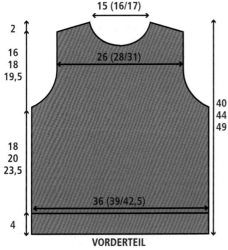

15 (16/17)

2

16
18
19,5

26 (28/31)

40
44
49

18
20
23,5

36 (39/42,5)

4

VORDERTEIL

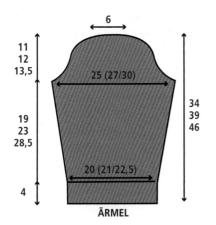

6

11
12
13,5

25 (27/30)

34
39
46

19
23
28,5

20 (21/22,5)

4

ÄRMEL

Rechter Ärmel

48 (50/54) M mit Nd Nr. 3 in Hellgrau anschlagen und 4 cm im Rippenmuster stricken. Glatt re in der entsprechenden Streifenfolge mit Nd Nr. 3,5 weiterarbeiten, dabei beidseitig 1 M ab Rand farbgemäß wie folgt zunehmen:

4 Jahre: Nach 10 R 1 x 1 M und in jeder 8. R 5 x 1 M.

6 Jahre: In jeder 10. R 3 x 1 M und in jeder 8. R 4 x 1 M.

8–10 Jahre: In jeder 10. R 3 x 1 M und in jeder 8. R 6 x 1 M.

= 60 (64/72) M.

Nach 19 (23/28,5) cm ab Rippenmuster für die Armkugel beidseitig wie folgt abketten:

4 Jahre: In jeder 2. R 2 x 3 M, 1 x 2 M und 3 x 1 M, in jeder 4. R 3 x 1 M, dann in jeder 2. R 1 x 1 M, 1 x 2 M und 2 x 3 M.

6 Jahre: In jeder 2. R 2 x 3 M, 2 x 2 M und 2 x 1 M, in jeder 4. R 4 x 1 M, dann in jeder 2. R 1 x 1 M, 1 x 2 M und 2 x 3 M.

8–10 Jahre: In jeder 2. R 2 x 3 M, 2 x 2 M und 3 x 1 M, in jeder 4. R 3 x 1 M, dann in jeder 2. R 3 x 1 M, 2 x 2 M und 2 x 3 M.

Nach 30 (35/42) cm ab Rippenmuster die restlichen 14 M abketten.

Den linken Ärmel in der entsprechenden Streifenfolge ebenso stricken.

Halsausschnittblende

Schulternähte schließen.

Mit der Rundstricknadel aus dem Halsausschnitt 90 (96/100) M in Hellgrau auffassen, 1 Rd li M, 1 Rd re M, 1 Rd li M und 2,5 cm im Rippenmuster stricken.

Dann alle M im Rippenmuster abketten.

Fertigstellung

Seiten- und Ärmelnähte schließen. Die Ärmel einsetzen.

Pullover (Fortsetzung)

Rückenteil Größe 4 und 6 Jahre

Vorderteil Größe 4 und 6 Jahre

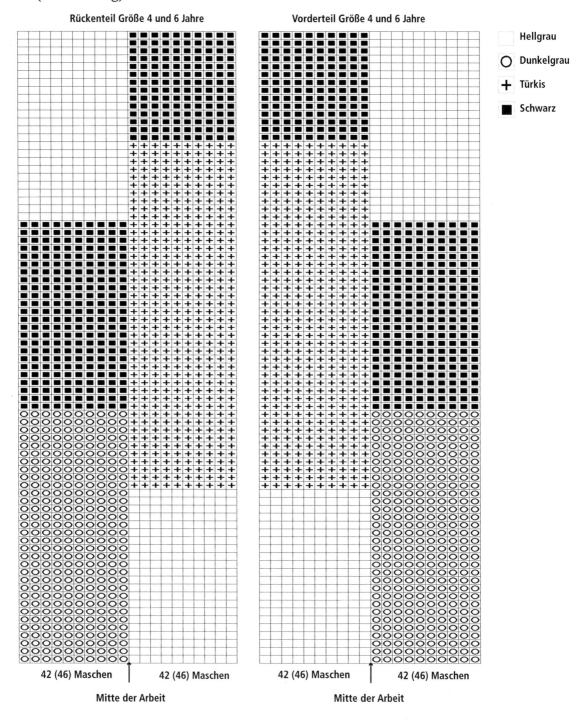

	Hellgrau
O	Dunkelgrau
+	Türkis
■	Schwarz

42 (46) Maschen   42 (46) Maschen

Mitte der Arbeit

42 (46) Maschen   42 (46) Maschen

Mitte der Arbeit

Rückenteil Größe 8–10 Jahre

Vorderteil Größe 8–10 Jahre

50 Maschen | 50 Maschen

Mitte der Arbeit

50 Maschen | 50 Maschen

Mitte der Arbeit

35 Jacke

mit Reißverschluss, glatt rechts
gestrickt und mit „gestrichelter"
Stickerei verziert.
Wollmischgarn.

36 Jacke

mit Reißverschluss und schwarz-weißem Jacquardmuster. Wollmischgarn.

35 Zipperjacke

GRÖSSEN
2 Jahre (4 Jahre/6 Jahre/8 Jahre/10 Jahre)

MATERIAL
Wollmischgarn (LL 66 m/50 g): 300 (350/400/450/500) g Dunkelgrau und 50 g Hellgrau • Stricknadeln Nr. 5,5 und Nr. 6 • eine 60 cm lange Rundstricknadel Nr. 5,5 • ein teilbarer Reißverschluss, 35 (40/45/45/50) cm lang

MUSTER
Rippenmuster: 2 M re, 2 M li im Wechsel.
Glatt rechts: Hin-R re M, Rück-R li M.

MASCHENPROBE
Glatt rechts mit Nadeln Nr. 6: 15 M und 21 R = 10 x 10 cm

SO WIRD'S GEMACHT
Rückenteil
50 (54/58/62/66) M mit Nd Nr. 5,5 in Dunkelgrau anschlagen und 5 cm im Rippenmuster stricken, dabei die 1. R und alle weiteren Hin-R mit 2 M re beginnen und beenden. Glatt re mit Nd Nr. 6 weiterarbeiten, dabei in der 1. R verteilt 2 M zunehmen.
= 52 (56/60/64/68) M.
Nach 19 (21/23/25/28) cm ab Rippenmuster für die Armausschnitte beidseitig in jeder 2. R 1 x 2 M und 3 x 1 M abketten.
= 42 (46/50/54/58) M.
Nach 32 (36/40/43/47) cm ab Rippenmuster für die Schulterschrägungen beidseitig in jeder 2. R wie folgt abketten:
2 Jahre: 3 x 4 M.
4 Jahre: 2 x 4 M und 1 x 5 M.
6 Jahre: 1 x 4 M und 2 x 5 M.
8 Jahre: 3 x 5 M.
10 Jahre: 1 x 5 M und 2 x 6 M.
Gleichzeitig mit der 1. Schulterabnahme für den Halsausschnitt die mittleren 6 (8/10/12/12) M abketten und beide Seiten getrennt beenden. Für die Rundung am Ausschnittrand nach 2 R 1 x 6 M abketten.

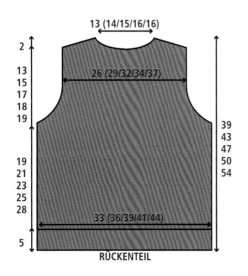

RÜCKENTEIL

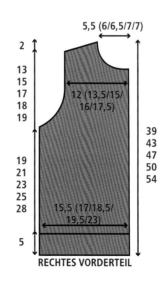

RECHTES VORDERTEIL

Rechtes Vorderteil

27 (27/31/31/35) M mit Nd Nr. 5,5 in Dunkelgrau anschlagen und 5 cm im Rippenmuster stricken, dabei die 1. R und alle weiteren Hin-R mit 3 M re beginnen und mit 2 M re beenden.

Glatt re mit Nd Nr. 6 weiterarbeiten, dabei in der 1. R 1 M abnehmen (1 M zunehmen/1 M abnehmen/1 M zunehmen/1 M zunehmen).

= 26 (28/30/32/36) M.

Nach 19 (21/23/25/28) cm ab Rippenmuster für den Armausschnitt am linken Rand in jeder 2. R 1 x 2 M und 3 x 1 M abketten.

= 21 (23/25/27/31) M.

Nach 27 (32/35/37/41) cm ab Rippenmuster für den Halsausschnitt am rechten Rand wie folgt abketten:

2 Jahre: In jeder 2. R 1 x 3 M, 2 x 2 M und 1 x 1 M, nach weiteren 4 R 1 x 1 M.

4 Jahre: In jeder 2. R 1 x 3 M, 2 x 2 M und 3 x 1 M.

6 Jahre: In jeder 2. R 2 x 3 M, 1 x 2 M und 3 x 1 M.

8 Jahre: In jeder 2. R 1 x 4 M, 1 x 3 M, 1 x 2 M und 2 x 1 M, nach weiteren 4 R 1 x 1 M.

10 Jahre: In jeder 2. R 1 x 4 M, 2 x 3 M, 1 x 2 M und 1 x 1 M, nach weiteren 4 R 1 x 1 M.

Nach 32 (36/40/43/47) cm ab Rippenmuster für die Schulterschrägung am linken Rand in jeder 2. R wie folgt abketten:

2 Jahre: 3 x 4 M.

4 Jahre: 2 x 4 M und 1 x 5 M.

6 Jahre: 1 x 4 M und 2 x 5 M.

8 Jahre: 3 x 5 M.

10 Jahre: 1 x 5 M und 2 x 6 M.

Das linke Vorderteil gegengleich stricken.

Zipperjacke (Fortsetzung)

Ärmel

30 (32/34/36/38) M mit Nd Nr. 5,5 in Dunkelgrau anschlagen und 5 cm im Rippenmuster stricken, dabei die 1. R und alle weiteren Hin-R mit 2 (1/2/1/2) M re beginnen und beenden. Glatt re mit Nd Nr. 6 weiterarbeiten, dabei beidseitig wie folgt zunehmen:

2 Jahre: In jeder 6. R 4 x 1 M und nach weiteren 4 R 1 x 1 M zunehmen.
4 Jahre: In jeder 6. R 2 x 1 M, dann in jeder 4. R 5 x 1 M zunehmen.
6 Jahre: In jeder 6. R 5 x 1 M, dann in jeder 4. R 4 x 1 M zunehmen.
8 Jahre: In jeder 6. R 9 x 1 M zunehmen.
10 Jahre: In jeder 6. R 10 x 1 M zunehmen.
= 40 (46/52/54/58) M.
Nach 15 (19,5/24/28/31,5) cm ab Rippenmuster für die Armkugel beidseitig in jeder 2. R wie folgt abketten:
2 Jahre: 3 x 2 M, 1 x 1 M und 3 x 2 M.
4 Jahre: 1 x 3 M, 5 x 2 M und 1 x 3 M.
6 Jahre: 3 x 3 M, 2 x 2 M und 2 x 3 M.
8 Jahre: 1 x 4 M, 2 x 3 M, 2 x 2 M und 2 x 3 M.
10 Jahre: 1 x 4 M, 2 x 3 M, 1 x 2 M, 2 x 3 M und 1 x 4 M.
Nach 22 (26,5/31/35/38,5) cm ab Rippenmuster die restlichen 14 M abketten.
Den zweiten Ärmel ebenso stricken.

Kragen

Schulternähte schließen.
Mit der Rundstricknadel aus dem Halsausschnitt 52 (56/60/64/64) M in Dunkelgrau auffassen und 1 Rück-R re M stricken. Dann 5 cm im Rippenmuster stricken, dabei die 1. R und alle weiteren Hin-R mit 3 M re beginnen und beenden. Danach alle M im Rippenmuster abketten.

Vorderteilblenden

Mit der Rundstricknadel aus den Vorderteilkanten inklusive der Bund- und Kragenschmalkanten 54 (63/68/71/78) M in Dunkelgrau auffassen und 2 cm glatt re stricken. Dann alle M abketten.

FERTIGSTELLUNG

Seiten- und Ärmelnähte schließen. Die Ärmel einsetzen. Die Vorderteilblenden zur Hälfte nach innen schlagen und auf den Blendenansatz säumen. Den Reißverschluss verdeckt unter die Blenden einnähen, dabei oben und unten 1 (1/0/1/0,5) cm frei lassen.
Oberhalb des Rippenbündchens sowie oberhalb der Ärmelbündchen jeweils eine Linie aus Vorstichen in Hellgrau sticken, dabei jeden Stich auf Vorder- und Rückseite über 1 ½ M sticken. Dann bei beiden Vorderteilen mit 1 M Abstand zu den Blenden jeweils eine Linie aus Vorstichen in Hellgrau sticken, dabei jeden Stich auf Vorder- und Rückseite über 2 R arbeiten.

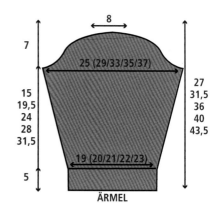

ÄRMEL

36 Jacquardjacke

GRÖSSEN
6 Jahre (8 Jahre/10 Jahre)

MATERIAL
Dickes Wollmischgarn (LL 41 m/50 g): 300 (350/400) g Schwarz, 200 (200/250) g Hellgrau, 150 (150/200) g Weiß • mittelstarkes Wollmisch- garn (LL 111 m/50 g): 50 g Schwarz • Stricknadeln Nr. 3,5, Nr. 5 und Nr. 7 • eine 60 cm lange Rundstricknadel Nr. 5 • Häkelnadel Nr. 5 • ein teilbarer Reißverschluss, 45 (50/55) cm lang

MUSTER
Rippenmuster: 2 M re, 2 M li im Wechsel.
Glatt rechts: Hin-R re M, Rück-R li M.
Jacquardmuster: Nach den Zählmustern auf Seite 140 glatt re stricken, dabei den unbenutzten Faden auf der Rückseite der Arbeit locker weiter- führen. Gezeichnet sind Hin- und Rück-R. In der Breite mit den angegebe- nen M beginnen, dann die gezeichneten M stets wiederholen, die letzte M am Zählmuster markieren und in der Rück-R hier wieder beginnen.
Kettmasche: Mit der Häkel-Nd in eine M einstechen, den Faden um die Nd legen und diesen durch die M und die Schlinge auf der Nd ziehen.
Feste Masche: Mit der Häkel-Nd in eine M einstechen, den Faden um die Nd legen und durch die M ziehen, nun sind zwei Schlingen auf der Nd. Den Faden erneut um die Nd legen und durch beide Schlingen der Nd ziehen.

MASCHENPROBE
Im Jacquardmuster mit Nadeln Nr. 7: 13 M und 13 R = 10 x 10 cm

Jacke (Fortsetzung)

SO WIRD'S GEMACHT
Rückenteil
54 (58/62) M mit Nd Nr. 5 und dem dicken Wollmischgarn in Schwarz anschlagen und 5 cm im Rippenmuster stricken, dabei die 1. R und alle weiteren Hin-R mit 2 M re (2 M li/2 M re) beginnen und beenden.

Im Jacquardmuster nach dem entsprechenden Zählmuster mit Nd Nr. 7 weiterarbeiten, dabei in der 1. R 1 (3/3) M abnehmen und wie folgt beginnen:

6 Jahre: Mit der 7. R und der 5. M des Zählmusters.

8 Jahre: Mit der 5. R und der 4. M des Zählmusters.

10 Jahre: Mit der 1. R und der 12. M des Zählmusters.

= 53 (55/59) M.

Nach 24 (26/29) cm ab Rippenmuster für die Armausschnitte beidseitig in jeder 2. R wie folgt abketten:

6 und 8 Jahre: 1 x 3 M, 1 x 2 M und 2 x 1 M.

10 Jahre: 1 x 3 M, 1 x 2 M und 3 x 1 M.

= 39 (41/43) M.

Nach 41 (44/48) cm ab Rippenmuster für die Schulterschrägungen beidseitig in jeder 2. R wie folgt abketten:

6 und 8 Jahre: 1 x 5 M und 1 x 6 M.

10 Jahre: 2 x 6 M.

Gleichzeitig mit der 1. Schulterabnahme für den Halsausschnitt die mittleren 17 (19/19) M abketten und beide Seiten getrennt beenden.

Rechtes Vorderteil
27 (29/31) M mit Nd Nr. 5 und dickem Wollmischgarn in Schwarz anschlagen und 5 cm im Rippenmuster stricken, dabei die 1. R und alle weiteren Hin-R mit 3 M re beginnen und mit 2 M re (2 M li/2 M re) beenden. Im Jacquardmuster mit Nd Nr. 7 weiterarbeiten, dabei in der 1. R 1 (1/1) M abnehmen und wie folgt beginnen:

6 Jahre: Mit der 7. R und der 5. M des Zählmusters.

8 Jahre: Mit der 5. R und der 4. M des Zählmusters.

10 Jahre: Mit der 1. R und der 12. M des Zählmusters.

= 26 (28/30) M.

Nach 24 (26/29) cm ab Rippenmuster für den Armausschnitt am linken Rand in jeder 2. R wie folgt abketten:

6 und 8 Jahre: 1 x 3 M, 1 x 2 M und 2 x 1 M.

10 Jahre: 1 x 3 M, 1 x 2 M und 3 x 1 M.

= 19 (21/22) M.

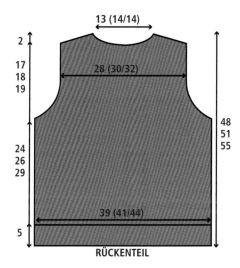

13 (14/14)

2
17
18
19

28 (30/32)

48
51
55

24
26
29

39 (41/44)

5

RÜCKENTEIL

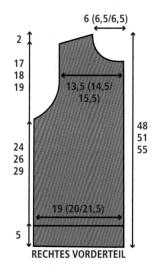

6 (6,5/6,5)

2
17
18
19

13,5 (14,5/ 15,5)

48
51
55

24
26
29

19 (20/21,5)

5

RECHTES VORDERTEIL

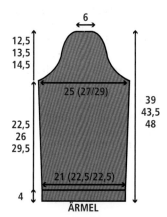

6

12,5
13,5
14,5

25 (27/29)

39
43,5
48

22,5
26
29,5

21 (22,5/22,5)

4

ÄRMEL

Nach 37 (40/44) cm ab Rippenmuster für Halsausschnitt am rechten Rand in jeder 2. R wie folgt abketten:

6 Jahre: 1 x 3 M, 2 x 2 M und 1 x 1 M.

8 und 10 Jahre: 1 x 4 M, 1 x 3 M, 1 x 2 M und 1 x 1 M.

Nach 41 (44/48) cm ab Rippenmuster für die Schulterschrägung am linken Rand in jeder 2. R wie folgt abketten:

6 und 8 Jahre: 1 x 5 M und 1 x 6 M.

10 Jahre: 2 x 6 M.

Das linke Vorderteil gegengleich stricken.

Ärmel

26 (30/30) M mit Nd Nr. 5 und dem dicken Wollmischgarn in Schwarz anschlagen und 4 cm im Rippenmuster stricken, dabei die 1. R und alle weiteren Hin-R mit 2 M re beginnen und beenden.

Im Jacquardmuster mit Nd Nr. 7 weiterarbeiten, dabei in der 1. R verteilt 3 (1/1) M zunehmen und wie folgt beginnen:

6 Jahre: Mit der 9. R und der 1. M des Zählmusters.

8 Jahre: Mit der 5. R und der 1. M des Zählmusters.

10 Jahre: Mit der 1. R und der 1. M des Zählmusters.

= 29 (31/31) M.

Für die Schrägungen beidseitig 1 M ab Rand mustergemäß wie folgt zunehmen:

6 und 8 Jahre: In jeder 8. R 3 x 1 M.

10 Jahre: In jeder 8. R 4 x 1 M.

= 35 (37/39) M.

Nach 22,5 (26/29,5) cm ab Rippenmuster für die Armkugel beidseitig in jeder 2. R wie folgt abketten:

6 Jahre: 1 x 3 M, 1 x 2 M, 4 x 1 M und 2 x 2 M.

8 Jahre: 1 x 3 M, 1 x 2 M, 5 x 1 M und 2 x 2 M.

10 Jahre: 1 x 3 M, 1 x 2 M, 5 x 1 M, 1 x 2 M und 1 x 3 M.

Nach 35 (39,5/44) cm ab Rippenmuster die restlichen 9 M abketten.

Den zweiten Ärmel ebenso stricken.

Kragen

Schulternähte schließen.

Mit der Rundstricknadel Nr. 5 und dem dicken Wollmischgarn in Schwarz aus dem Halsausschnitt 44 (48/48) auffassen, 1 Rück-R re M und 6 cm im Rippenmuster stricken, dabei die 1. Rippen-R und alle weiteren Hin-R mit 3 M re beginnen und beenden. Dann alle M im Rippenmuster abketten.

Jacke (Fortsetzung)

Innenblenden

8 M mit Nd Nr. 3,5 und dem mittelstarken Wollmischgarn in Schwarz anschlagen und 48 (51/55) cm glatt re stricken, dann die M abketten. Die 2. Blende ebenso stricken.

Rechte Tasche

14 M mit Nd Nr. 5 und dem dicken Wollmischgarn in Schwarz anschlagen und mit Nd Nr. 7 im Jacquardmuster nach dem entsprechenden Zählmuster stricken. Nach 12 cm ab Anschlag alle M in Hellgrau re abketten.
Die linke Tasche nach dem entsprechenden Zählmuster ebenso arbeiten.

FERTIGSTELLUNG

Seiten- und Ärmelnähte schließen. Die Ärmel einsetzen. Mit Häkel-Nd Nr. 5 und dem dicken Wollmischgarn in Schwarz entlang der Vorderteil- und Kragenkanten jeweils 1 R Kettmaschen und 1 R feste M häkeln. Den Reißverschluss unter den Häkelblenden annähen, dabei oben und unten 1,5 (0,5/0) cm frei lassen. Die Innenblenden an beiden Vorderteilen auf der Jackeninnenseite jeweils so auf das Reißverschlussband nähen, dass es verdeckt wird.
Die Taschen 7 M ab Vorderteilrand auf die Vorderteile nähen, dabei darauf achten, dass sich das Jacquardmuster der Vorderteile mit dem der Taschen genau deckt.

Zählmuster Rückenteil, Vorderteil und Ärmel

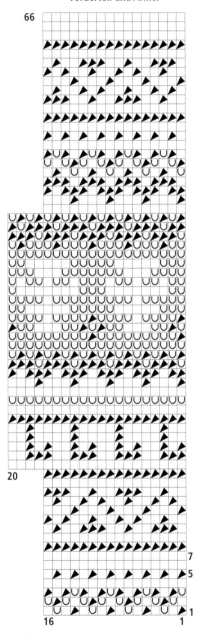

Die 1.–66. R 1 x arbeiten, dann glatt re in Schwarz weiterstricken.

Zählmuster rechte Tasche

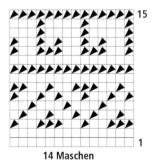

14 Maschen

Zählmuster linke Tasche

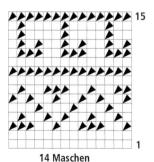

14 Maschen

☐ 1 M in Schwarz

∪ 1 M in Weiß

▲ 1 M in Hellgrau

37 Kapuzenpullover

glatt rechts mit breiten Streifen, Kängurutasche und Rippenblenden.
Wollmischgarn.

38 Poncho

kraus rechts mit Abschlüssen im
Rippenmuster und gestricktem Gürtel.
Wollmischgarn.

Kapuzenpullover

GRÖSSEN
4 Jahre (6 Jahre/8 Jahre/10 Jahre)

MATERIAL
Wollmischgarn (LL 66 m/50 g): 150 (200/200/300) g Lila, 200 (200/250/300) g Dunkelbraun, 200 (200/200/250) g Graubraun • Stricknadeln Nr. 4 und Nr. 5 • Reißverschluss, 7 cm lang

MUSTER
Rippenmuster: 1 M re, 1 M li im Wechsel.
Glatt rechts: Hin-R re M, Rück-R li M.
Streifenfolge: * 16 R Dunkelbraun, 16 R Lila (= 32 R), ab * stets wiederholen.

MASCHENPROBE
Glatt rechts in der Streifenfolge mit Nadeln Nr. 5: 16 M und 24 R = 10 x 10 cm

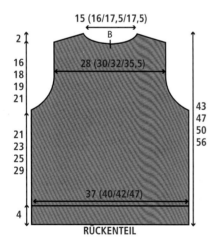

RÜCKENTEIL

SO WIRD'S GEMACHT
Rückenteil
60 (66/70/78) M mit Nd Nr. 4 in Graubraun anschlagen und 4 cm = 9 R im Rippenmuster und 1 Rück-R li M stricken. Glatt re in der Streifenfolge mit Nd Nr. 5 weiterarbeiten. Nach 21 (23/25/29) cm = 50 (56/60/70) ab Rippenmuster (= nach: **4 Jahre:** 2 R Lila/**6 Jahre:** 8 R Lila/**8 Jahre:** 12 R Lila/**10 Jahre:** 6 R Dunkelbraun) für die Armausschnitte beidseitig in jeder 2. R wie folgt abketten:
4 Jahre: 1 x 3 M, 1 x 2 M und 2 x 1 M.
6 und 8 Jahre: 1 x 3 M, 1 x 2 M und 3 x 1 M.
10 Jahre: 1 x 3 M, 2 x 2 M und 3 x 1 M.
= 46 (50/54/58) M.
Nach 37 (41/44/50) cm ab Rippenmuster für die Schulterschrägungen beidseitig in jeder 2. R wie folgt abketten:
4 Jahre: 1 x 3 M und 2 x 4 M.
6 Jahre: 3 x 4 M.
8 Jahre: 2 x 4 M und 1 x 5 M.
10 Jahre: 3 x 5 M.
Gleichzeitig mit der 1. Schulterabnahme für den Halsausschnitt die mittleren 8 (10/10/10) M abketten und beide Seiten getrennt beenden. Für die Rundung am Ausschnittrand nach 2 R noch 1 x 8 (8/9/9 M) abketten.

Vorderteil
Wie das Rückenteil stricken, jedoch mit tieferem Halsausschnitt. Dafür nach 27 (30/33/38,5) cm ab Rippenmuster die mittleren 8 M abketten und beide Seiten getrennt beenden = je 19 (21/23/25) M.
Nach 34 (37/40/45,5) cm ab Rippenmuster für die Rundung am inneren Rand wie folgt abketten:
4 Jahre: In jeder 2. R 2 x 3 M und 1 x 1 M, nach weiteren 4 R 1 x 1 M.
6 Jahre: In jeder 2. R 2 x 3 M und 1 x 2 M, nach weiteren 4 R 1 x 1 M.
8 Jahre: In jeder 2. R 2 x 3 M, 1 x 2 M und 1 x 1 M, nach weiteren 4 R 1 x 1 M.
10 Jahre: In jeder 2. R 2 x 3 M, 1 x 2 M und 1 x 1 M nach weiteren 4 R 1 x 1 M.
Nach 37 (41/44/50) cm ab Rippenmuster die Schulterschrägungen wie beim Rückenteil arbeiten.

Ärmel

36 (38/40/42) M mit Nd Nr. 4 in Graubraun anschlagen und 4 cm = 9 R im Rippenmuster und 1 Rück-R li M stricken. Glatt re in der Streifenfolge mit Nd Nr. 5 weiterarbeiten, dabei wie folgt beginnen:

4 Jahre: 14 R Dunkelbraun, 16 R Lila, dann ab * in der Streifenfolge stricken.

6 Jahre: 18 R Dunkelbraun, 16 R Lila, dann ab * in der Streifenfolge stricken.

8 Jahre: 6 R Lila, dann ab * in der Streifenfolge stricken.

10 Jahre: 10 R Lila, dann ab * in der Streifenfolge stricken.

Beidseitig 1 M ab Rand wie folgt zunehmen:

4 Jahre: In jeder 10. R 4 x 1 M.

6 Jahre: In jeder 12. R 4 x 1 M.

8 Jahre: In jeder 12. R 3 x 1 M und in jeder 10. R 2 x 1 M.

10 Jahre: In jeder 10. R 7 x 1 M.

= 44 (46/50/56) M.

Nach 20 (24/27,5/33) cm = 48 (58/66/80) R ab Rippenmuster (= nach **4 Jahre:** 2 R Lila/**6 Jahre:** 8 R Lila/**8 Jahre:** 12 R Lila/**10 Jahre:** 6 R Dunkelbraun) für die Armkugel beidseitig wie folgt abketten:

4 Jahre: In jeder 2. R 1 x 3 M, 1 x 2 M und 2 x 1 M, in jeder 4. R 2 x 1 M, dann in jeder 2. R 2 x 1 M, 1 x 2 M und 1 x 3 M.

6 Jahre: In jeder 2. R 1 x 3 M, 1 x 2 M und 3 x 1 M, in jeder 4. R 2 x 1 M, dann in jeder 2. R 2 x 1 M, 1 x 2 M und 1 x 3 M.

8 Jahre: In jeder 2. R 1 x 3 M, 2 x 2 M und 3 x 1 M, in jeder 4. R 2 x 1 M, dann in jeder 2. R 2 x 1 M, 1 x 2 M und 1 x 3 M.

10 Jahre: In jeder 2. R 1 x 3 M, 1 x 2 M, 12 x 1 M, 1 x 2 M und 1 x 3 M.

Nach 30 (35/39,5/46,5) cm ab Rippenmuster die restlichen 12 M abketten.

Den zweiten Ärmel ebenso stricken.

Kapuze

In zwei Teilen stricken.

Für das rechte Kapuzenteil 27 (29/31/32) M mit Nd Nr. 5 in Graubraun anschlagen und glatt re stricken, dabei am linken Rand in Hin-R vor der letzten M wie folgt zunehmen:

Kapuzenpullover (Fortsetzung)

4 Jahre: In jeder 4. R 7 x 1 M.
6 Jahre: In jeder 6. R 2 x 1 M und in jeder 4. R 5 x 1 M.
8 Jahre: In jeder 6. R 2 x 1 M und in jeder 4 R 5 x 1 M.
10 Jahre: In jeder 6. R 3 x 1 M und in jeder 4. R 4 x 1 M.
= 34 (36/38/39) M.
Nach 21 (22,5/23/24,5) cm ab Anschlag für die Rundung am linken Rand 1 x 1 M, dann wie folgt abketten:
4 und 6 Jahre: Nach 4 R 1 x 1 M, in jeder 2. R 4 x 1 M, 2 x 2 M und 1 x 3 M.
8 und 10 Jahre: In jeder 4. R 2 x 1 M, in jeder 2. R 3 x 1 M, 2 x 2 M und 1 x 3 M.
Nach 29 (30,5/32/33,5) cm ab Anschlag die restlichen 21 (23/25/26) M abketten.
Linkes Kapuzenteil gegengleich stricken.

Schlitz-/Kapuzenblende
151 (157/163/169) M mit Nd Nr. 4 in Graubraun anschlagen und 3 cm im Rippenmuster stricken, dabei die 1. R und alle weiteren Hin-R mit 2 M re beginnen und beenden. Dann 1 Hin-R und 1 Rück-R re M stricken, danach die M re abketten.

Tasche
42 (44/48/52) M mit Nd Nr. 5 in Dunkelbraun anschlagen und glatt re in der Streifenfolge stricken. Nach 6 (6/6,5/7) cm ab Anschlag beidseitig wie folgt abketten:

4 Jahre: In jeder 2. R 1 x 3 M, 2 x 2 M und 5 x 1 M, nach weiteren 4 R 1 x 1 M.
6 Jahre: In jeder 2. R 1 x 3 M, 2 x 2 M und 4 x 1 M, dann in jeder 4. R 2 x 1 M.
8 Jahre: In jeder 2. R 1 x 3 M, 2 x 2 M und 5 x 1 M, dann in jeder 4. R 2 x 1 M.
10 Jahre: In jeder 2. R 1 x 3 M, 2 x 2 M und 5 x 1 M, dann in jeder 4. R 3 x 1 M.
Nach 16 (17,5/18,5/20,5) cm ab Anschlag die restlichen 16 (18/20/22) M abketten.

Taschenblenden
25 (27/29/33) M mit Nd Nr. 4 in Graubraun anschlagen und 2 cm im Rippenmuster stricken, dabei die 1. R und alle weiteren Hin-R mit 2 M re beginnen und beenden. Dann 1 Hin-R und 1 Rück-R re M stricken, danach die M re abketten.
Eine zweite Blende ebenso stricken.

FERTIGSTELLUNG
Die Schulter-, Seiten- und Ärmelnähte schließen. Die Ärmel einsetzen. Kapuzennaht (siehe von B bis C im Schnitt) schließen. Die Kapuze an die Halsausschnittrundung nähen (siehe von A im re Kapuzenteil über B bis A im li Kapuzenteil im Schnitt).
Schlitz-/Kapuzenblende mit der Abkettkante an die Schlitz- und Kapuzenkanten nähen. Schmalkanten der Blende an der unteren Schlitzkante auf Stoß annähen. Die Taschenblenden jeweils mit der Abkettkante an die Tascheneingriffe nähen. Die Tasche mittig auf das Vorderteil nähen. Den Reißverschluss verdeckt unter den Schlitzblenden einnähen.

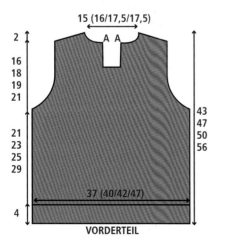

VORDERTEIL

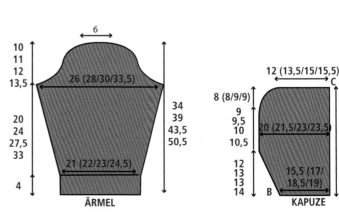

ÄRMEL

KAPUZE

❀38 Poncho

GRÖSSEN
2 Jahre (4 Jahre/6 Jahre/8 Jahre/10 Jahre)

MATERIAL
Acryl-Woll-Mischgarn (LL 76 m/50 g): 300 (350/400/450/500) g Granat-rot • Stricknadeln Nr. 6 • 1 kurze und 1 lange Rundstricknadel Nr. 6 • ein Nadelspiel Nr. 5 • 4 Knöpfe

MUSTER
Rippenmuster : 2 M re, 2 M li im Wechsel.
Kraus rechts in Reihen: Hin- und Rück-R re M.
Kraus rechts in Runden: 1 Rd re M, 1 Rd li M im Wechsel.
Einf Abnahme: 2 M re zusammenstricken.
Dopp Abnahme: 3 M re zusammenstricken.

MASCHENPROBE
Kraus rechts mit Nadeln Nr. 6: 14 M und 31 R = 10 x 10 cm

Poncho (Fortsetzung)

SO WIRD'S GEMACHT

Die Zipfel zunächst getrennt beginnen.

Für den rückwärtigen Zipfel 3 (4/3/4/3) M mit Nd Nr. 6 anschlagen und kraus re stricken, dabei beidseitig in jeder 2. R wie folgt zunehmen:

2 Jahre:
* 1 x 1 M, 1 x 2 M, ab * insgesamt 13 x arbeiten, dann 3 x 2 M.

4 Jahre:
* 1 x 1 M, 1 x 2 M, ab * insgesamt 15 x arbeiten, dann 3 x 1 M.

6 Jahre:
* 1 x 1 M, 1 x 2 M, ab * insgesamt 16 x arbeiten, dann 4 x 1 M.

8 Jahre:
* 1 x 1 M, 1 x 2 M, ab * insgesamt 16 x arbeiten, dann 7 x 1 M.

10 Jahre:
* 1 x 1 M, 1 x 2 M, ab * insgesamt 17 x arbeiten, dann 8 x 1 M.
= 93 (100/107/114/121) M.

Nach 17 (19/21/23/25) cm ab Anschlag wie folgt zwei Öffnungen für den Gürtel arbeiten: 27 (29/32/33/34) M kraus re, 2 M re zusammenstricken, 1 Umschlag, 35 (38/39/44/49) M kraus re, 1 Umschlag, 2 M re zusammenstricken und 27 (29/32/33/34) M kraus re.

Nach 19 (21/23/25/27) cm ab Anschlag die M stilllegen.

Den vorderen Zipfel ebenso stricken.

Die M beider Teile auf die lange Rundstrick-Nd nehmen, und über alle M kraus re in Runden weiterstricken, dabei in der 1. Rd die aufeinandertreffenden M beider Teile jeweils re zusammenstricken = 184 (198/212/226/240) M.

Je 92 (99/106/113/120) M bilden das Rücken- und Vorderteil. An beiden Teilen jeweils die 1. und letzte M markieren; es liegen somit 2 markierte M nebeneinander.

Zur Formgebung in der 3. Rd ab Zusammenschluss beginnend beidseitig der markierten M wie folgt abnehmen = 4 Abnahmestellen pro Abnahme-Rd:

2 Jahre: In jeder 2. Runde * 1 x 1 dopp Abnahme, 1 x 1 einf Abnahme, ab * insgesamt 9 x arbeiten, enden mit 11 x 1 einf Abnahme.

4 Jahre: In jeder 2. Runde * 1 x 1 dopp Abnahme, 3 x 1 einf Abnahme, ab * insgesamt 7 x arbeiten, enden mit 5 x 1 einf Abnahme.

6 Jahre: In jeder 2. Runde * 1 x 1 dopp Abnahme, 4 x 1 einf Abnahme, ab * insgesamt 7 x arbeiten, enden mit 1 x 1 einf Abnahme.

8 Jahre: In jeder 2. Runde * 1 x 1 dopp Abnahme, 5 x 1 einf Abnahme, ab * insgesamt 6 x arbeiten, enden mit 3 x 1 einf Abnahme.

10 Jahre: In jeder 2. Runde * 1 x 1 dopp Abnahme, 4 x 1 einf Abnahme, ab * insgesamt 7 x arbeiten, enden mit 6 x 1 einf Abnahme.

Gleichzeitig nach 26 (30/33/37/41) cm ab Anschlag für den Schlitz im vorderen Teil die mittleren 4 (5/4/5/4) M abketten und in offener Arbeit in R weiterstricken.

Nach 33 (37/40/44/48) cm ab Anschlag für den Halsausschnitt beidseitig ab Schlitzkante wie folgt abketten:

2 Jahre: In jeder 2. R 1 x 2 M, 2 x 1 M, in jeder 4. R 2 x 1 M.

4 Jahre: In jeder 2. R 1 x 2 M, 4 x 1 M, nach 4 R 1 x 1 M.

6 Jahre: In jeder 2. R 2 x 2 M, 2 x 1 M, in jeder 4. R 2 x 1 M.

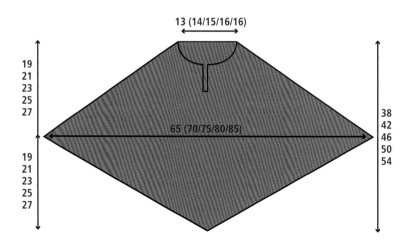

13 (14/15/16/16)

19 21 23 25 27

19 21 23 25 27

65 (70/75/80/85)

38 42 46 50 54

8 Jahre: In jeder 2. R 2 x 2 M, 4 x 1 M, nach 4 R 1 x 1 M.
10 Jahre: In jeder 2. R 3 x 2 M, 3 x 1 M, nach 4 R 1 x 1 M.
Nach 38 (42/46/50/54) cm ab Anschlag die restlichen 16 (19/20/23/24) M für den rückwärtigen Halsausschnitt locker abketten.

Saumblende

Mit der langen Rundstricknadel aus der unteren Zipfelkante 220 (236/252/268/284) M auffassen, Arbeit zur Runde schließen und 2 cm im Rippenmuster stricken. Dann alle M abketten.

Gürtel:

Mit 2 Nd des Nadelspiels 4 M anschlagen, die M re stricken, * Arbeit nicht wenden, sondern die M auf der Nd zum Anfang zurückschieben, Faden hinter der Arbeit zum Anfang holen, dabei fest anziehen und die M erneut re stricken, ab * stets wiederholen, bis 142 (146/148/150/154) cm erreicht sind. Dann die M mit dem Arbeitsfaden zusammenziehen.

Fertigstellung

Mit der kurzen Rundstricknadel aus dem runden Halsausschnitt 44 (48/52/56/60) M auffassen, 1 Rück-R re M und 14 cm im Rippenmuster arbeiten, dabei die 1. Rippen-R und alle weiteren Hin-R mit 3 M li beginnen und beenden. Dann alle M abketten.
Mit der kurzen Rundstricknadel aus der re Schlitzkanten inklusive der Schmalkante der Ausschnittblende 32 M auffassen und 1 Rück-R re M stricken. Dann im Rippenmuster weiterstricken, dabei die 1. R und alle weiteren Hin-R mit 3 M re beginnen und beenden. In der 3. R (= Hin-R) zwei Knopflöcher arbeiten, dafür jeweils 2 M abketten und in der folgenden R wieder neu anschlagen. Das 1. Knopfloch 4 M ab Rand arbeiten, das zweite im Abstand von 7 M. Nach 3 cm Blendenhöhe alle M im Rippenmuster abketten. Die li Schlitzblende ebenso arbeiten, dabei liegt das 1. Knopfloch hier 4 M vom oberen Rand entfernt. Schmalkanten der Knopfleisten re über li an der unteren Schlitzkante annähen. Knöpfe entsprechend der Knopflöcher annähen, dabei die oberen Knöpfe innen auf die re Blende nähen, sie werden nach außen umgeschlagen.
Den Gürtel durch die Öffnungen im rückwärtigen und vorderen Teil ziehen und vorn mittig binden.

39 Jacke

mit Rippenoptik und schickem Reverskragen. Wollmischgarn.

40 # Jacke

im Perlmuster gestrickt, mit vier
Knebelknöpfen geschlossen.
Wollmischgarn.

Jacke

39

GRÖSSEN
2 Jahre (4 Jahre/6 Jahre/8 Jahre/10 Jahre)

MATERIAL
Wollmischgarn (LL 84 m/50 g): 300 (350/400/450/500) g Blau • Stricknadeln Nr. 4 und Nr. 4,5 • eine Rundstricknadel Nr. 4 • 5 Knöpfe

MUSTER
Rippenmuster A: 2 M re, 2 M li im Wechsel.
Rippenmuster B: 5 M li, 1 M re im Wechsel.

MASCHENPROBE
Im Rippenmuster B mit Nadeln Nr. 4,5: 19 M und 26 R = 10 x 10 cm

SO WIRD'S GEMACHT
Rückenteil
66 (70/78/82/90) M mit Nd Nr. 4,5 anschlagen und 5 cm im Rippenmuster A stricken, dabei die 1. R und alle weiteren Hin-R mit 2 M re beginnen und beenden. Im Rippenmuster B weiterarbeiten, dabei die 1. R und alle weiteren Hin-R mit 5 M li beginnen und beenden und in der 1. R 1 M abnehmen (1 M zunehmen/1 M abnehmen/1 M zunehmen/1 M abnehmen) = 65 (71/77/83/89) M.

Nach 22 (24/26/28/31) cm ab Anschlag für die Armausschnitte beidseitig in jeder 2. R wie folgt abketten:

2 und 4 Jahre: 2 x 2 M und 2 x 1 M.
6 Jahre: 1 x 3 M, 1 x 2 M und 2 x 1 M.
8 Jahre: 1 x 3 M, 2 x 2 M und 1 x 1 M.
10 Jahre: 1 x 3 M, 2 x 2 M und 2 x 1 M.
= 53 (59/63/67/71) M.

Nach 37 (41/45/48/52) cm ab Anschlag für die Schulterschrägungen beidseitig in jeder 2. R wie folgt abketten:

2 Jahre: 3 x 3 M und 1 x 4 M.
4 Jahre: 1 x 3 M und 3 x 4 M.
6 Jahre: 4 x 4 M.
8 Jahre: 3 x 4 M und 1 x 5 M.
10 Jahre: 1 x 4 M und 3 x 5 M.

Gleichzeitig mit der 1. Schulterabnahme für den Halsausschnitt die mittleren 7 (9/11/13/13) M abketten und beide Seiten getrennt beenden. Für die Rundung am Ausschnittrand in jeder 2. R 2 x 5 M abketten.

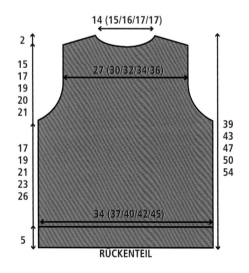

RÜCKENTEIL

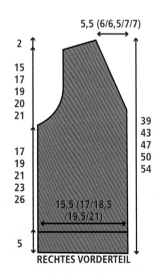

RECHTES VORDERTEIL

Rechtes Vorderteil

31 (31/35/39/43) M mit Nd Nr. 4,5 anschlagen und 5 cm im Rippen-muster A stricken, dabei die 1. R und alle weiteren Hin-R mit 3 M re beginnen und mit 2 M re beenden. Im Rippenmuster B weiterarbeiten, dabei die 1. R und alle weiteren Hin-R mit 6 M li (8 M li/6 M li/4 M li/ 6 M li) beginnen, mit 5 M li enden und in der 1. R 1 M abnehmen (1 M zunehmen/1 M zunehmen/1 M zunehmen/1 M abnehmen) = 30 (32/36/ 40/42) M.

Nach 22 (24/26/28/31) cm ab Anschlag für die Armausschnitte am linken Rand in jeder 2. R wie folgt abketten:

2 und 4 Jahre: 2 x 2 M und 2 x 1 M.

6 Jahre: 1 x 3 M, 1 x 2 M und 2 x 1 M.

8 Jahre: 1 x 3 M, 2 x 2 M und 1 x 1 M.

10 Jahre: 1 x 3 M, 2 x 2 M und 2 x 1 M.

= 24 (26/29/32/33) M.

Nach 23 (27/30/33/37) cm ab Anschlag für den Halsausschnitt am rechten Rand 1 x 1 M und dann wie folgt abketten:

2 und 4 Jahre: In der nächsten Hin-R 1 x 1 M, in jeder 4. R 9 x 1 M.

6 Jahre: In jeder 2. R 4 x 1 M, in jeder 4. R 8 x 1 M.

8 Jahre: In jeder 2. R 8 x 1 M, in jeder 4. R 6 x 1 M.

10 Jahre: In jeder 2. R 6 x 1 M, in jeder 4. R 7 x 1 M.

= 13 (15/16/17/19) Schulter-M.

Nach 37 (41/45/48 /52) cm ab Anschlag für die Schulterschrägung am li Rand in jeder 2. R wie folgt abketten:

2 Jahre: 3 x 3 M und 1 x 4 M.

4 Jahre: 1 x 3 M und 3 x 4 M.

6 Jahre: 4 x 4 M.

8 Jahre: 3 x 4 M und 1 x 5 M.

10 Jahre: 1 x 4 M und 3 x 5 M.

Das linke Vorderteil gegengleich stricken.

Jacke (Fortsetzung)

Ärmel

38 (38/42/42/46) M mit Nd Nr. 4,5 anschlagen und 5 cm im Rippenmuster A stricken, dabei die 1. R und alle weiteren Hin-R mit 2 M re beginnen und beenden. Im Rippenmuster B weiterarbeiten, dabei die 1. R und alle weiteren Hin-R mit 1 M re (1 M li/2 M li/3 M li/4 M li) beginnen und beenden und in der 1. R 1 M abnehmen (1 M zunehmen/1 M abnehmen/1 M zunehmen/1 M abnehmen) = 37 (39/41/43/45) M.

Für die Ärmelschrägungen beidseitig wie folgt zunehmen, dabei das Rippenmuster nach und nach erweitern:

2 Jahre: In jeder 8. R 4 x 1 M.

4 Jahre: In jeder 8. R 3 x 1 M und in jeder 6. R 3 x 1 M.

6 Jahre: In jeder 8. R 5 x 1 M und in jeder 6. R 2 x 1 M.

8 Jahre: In jeder 8. R 7 x 1 M und nach 6 R 1 x 1 M.

10 Jahre: In jeder 8. R 8 x 1 M und nach 6 R 1 x 1 M.

= 45 (51/55/59/63) M.

Nach 19,5 (23,5/27,5/31/34,5) cm ab Anschlag für die Armkugel beidseitig wie folgt abketten:

2 Jahre: In jeder 2. R 2 x 2 M, 4 x 1 M, nach 4 R 1 x 1 M, in jeder 2. R 5 x 1 M und 1 x 2 M.

4 Jahre: In jeder 2. R 2 x 2 M, 5 x 1 M, nach 4 R 1 x 1 M, in jeder 2. R 5 x 1 M und 2 x 2 M.

6 Jahre: In jeder 2. R 3 x 2 M, 5 x 1 M, nach 4 R 1 x 1 M, in jeder 2. R 5 x 1 M und 2 x 2 M.

8 Jahre: In jeder 2. R 3 x 2 M, 5 x 1 M, nach 4 R 1 x 1 M, in jeder 2. R 5 x 1 M und 3 x 2 M.

10 Jahre: In jeder 2. R 3 x 2 M, 6 x 1 M, nach 4 R 1 x 1 M, in jeder 2. R 6 x 1 M und 3 x 2 M.

Nach 30,5 (35,5/40,5/45/49,5) cm ab Anschlag die restlichen 13 M abketten.

Den zweiten Ärmel ebenso stricken.

FERTIGSTELLUNG

Schulternähte schließen. Mit der Rundstricknadel aus den geraden Vorderteilkanten je 49 (58/65/71/79) M, dazwischen aus den Ausschnittschrägen und dem rückwärtigen Halsausschnitt 114 (116/122/126/126) M auffassen und über alle 212 (232/252/268/284) M 1 Rück-R re M, dann im Rippenmuster A stricken, dabei die 1. Rippen-R und alle weiteren Hin-R mit 3 M re beginnen und beenden. Am linken Vorderteil in der 4. Rippen-R 5 Knopflöcher einarbeiten, dafür jeweils 2 M abketten und in der folgenden R wieder neu anschlagen. Das 1. Knopfloch 3 M ab Rand, die folgenden im Abstand von je 9 (11/13/14/16) M arbeiten. Nach 3 cm ab Anschlag am Ende jeder folgenden Reihe 2 x 49 (58/65/71/79) M und 24 x 4 M stilllegen, dabei jeweils vor den stillzulegenden M mit 1 Umschlag wenden. Danach die restlichen 18 (20/26/30/30) M und die stillgelegten M einer Seite mustergemäß stricken, dabei die Wende-Umschläge mit der nachfolgenden M mustergemäß zusammenstricken. Zuletzt 1 R über alle M stricken, dabei die restlichen Wende-Umschläge mit der nachfolgenden M zusammenstricken. Dann alle M im Rippenmuster abketten.

Seiten und Ärmelnähte schließen. Die Ärmel einsetzen. Knöpfe annähen.

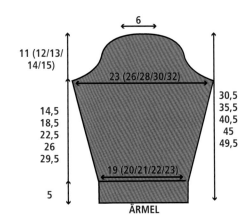

ÄRMEL

 # Jacke

GRÖSSEN
2 Jahre (4 Jahre/6 Jahre/8 Jahre/10 Jahre)

MATERIAL
Wollmischgarn (LL 41 m/50 g): 350 (450/550/600/700) g Petrol • Stricknadeln Nr. 6 und Nr. 7 • eine 60 cm lange Rundstricknadel Nr. 6 • 4 Knöpfe

MUSTER
Rippenmuster: 1 M re, 1 M li im Wechsel.
Perlmuster: 1 M re, 1 M li im Wechsel. Die M in jeder R versetzen.

MASCHENPROBE
Im Perlmuster mit Nadeln Nr. 7: 12,5 M und 21 R = 10 x 10 cm

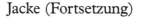

SO WIRD'S GEMACHT

Rückenteil

41 (45/49/51/55) M mit Nd Nr. 6 anschlagen und 5 cm im Rippenmuster stricken. Im Perlmuster mit Nd Nr. 7 weiterarbeiten.

Nach 11 (13/15/17/20) cm ab Rippenmuster für die Armausschnitte beidseitig in jeder 2. R wie folgt abketten:

2 und 4 Jahre: 1 x 2 M und 1 x 1 M.

6 und 8 Jahre: 1 x 2 M und 2 x 1 M.

10 Jahre: 1 x 2 M und 3 x 1 M.

= 35 (39/41/43/45) M.

Nach 24 (28/32/35/39) cm ab Rippenmuster für die Schulterschrägungen beidseitig in jeder 2. R wie folgt abketten:

2 Jahre: 3 x 3 M.

4 Jahre: 2 x 3 M und 1 x 4 M.

6 und 8 Jahre: 1 x 3 M und 2 x 4 M.

10 Jahre: 3 x 4 M.

Gleichzeitig mit der 1. Schulterabnahme für den Halsausschnitt die mittleren 7 (9/9/11/11) M abketten und beide Seiten getrennt beenden. Für die Rundung am inneren Rand nach 2 R 1 x 5 M abketten.

Rechtes Vorderteil

27 (29/31/33/35) M mit Nd Nr. 6 anschlagen und 5 cm im Rippenmuster stricken, dabei die 1. R und alle weiteren Hin-R mit 2 M re beginnen. Im Perlmuster mit Nd Nr. 7 weiterarbeiten.

Nach 11 (13/15/17/20) cm ab Rippenmuster für den Armausschnitt am linken Rand in jeder 2. R wie folgt abketten:

2 und 4 Jahre: 1 x 2 M und 1 x 1 M.

6 und 8 Jahre: 1 x 2 M und 2 x 1 M.

10 Jahre: 1 x 2 M und 3 x 1 M.

= 24 (26/27/29/30) M.

Nach 15 (17/20/23/27) cm ab Rippenmuster 1 Knopflochpaar einarbeiten, dafür pro Knopfloch 1 M abketten und in der Rück-R wieder neu anschlagen. Das 1. Knopfloch 3 M ab rechten Rand, das zweite mit 8 M Abstand arbeiten.

Nach 19 (23/26/29/33) cm ab Rippenmuster 1 weiteres Knopflochpaar ebenso arbeiten.

Nach 21 (25/28/31/35) cm ab Rippenmuster für den Halsausschnitt am rechten Rand wie folgt abketten:

2 Jahre: In jeder 2. R 1 x 9 M, 1 x 3 M, 1 x 2 M und 1 x 1 M.

4 Jahre: In jeder 2. R 1 x 9 M, 1 x 3 M, 1 x 2 M und 2 x 1 M.

6 Jahre: In jeder 2. R 1 x 10 M, 1 x 3 M, 1 x 2 M und nach 4 R 1 x 1 M.

8 und 10 Jahre: In jeder 2. R 1 x 10 M, 1 x 3 M, 1 x 2 M und 3 x 1 M.

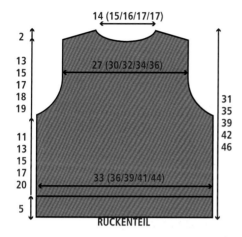

14 (15/16/17/17)

2

13
15
17
18
19

27 (30/32/34/36)

31
35
39
42
46

11
13
15
17
20

33 (36/39/41/44)

5

RÜCKENTEIL

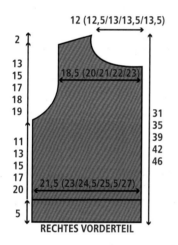

12 (12,5/13/13,5/13,5)

2

13
15
17
18
19

18,5 (20/21/22/23)

31
35
39
42
46

11
13
15
17
20

21,5 (23/24,5/25,5/27)

5

RECHTES VORDERTEIL

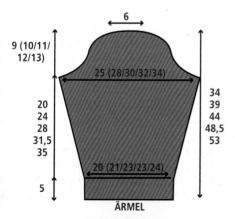

6

9 (10/11/
12/13)

25 (28/30/32/34)

34
39
44
48,5
53

20
24
28
31,5
35

20 (21/23/23/24)

5

ÄRMEL

Nach 24 (28/32/35/39) cm ab Rippenmuster für die Schulterschrägung am linken Rand in jeder 2. R wie folgt abketten:

2 Jahre: 3 x 3 M.

4 Jahre: 2 x 3 M und 1 x 4 M.

6 und 8 Jahre: 1 x 3 M und 2 x 4 M.

10 Jahre: 3 x 4 M.

Das linke Vorderteil gegengleich stricken, jedoch ohne Knopflöcher.

Ärmel

24 (26/28/28/30) M mit Nd Nr. 6 anschlagen und im 5 cm Rippenmuster stricken. Im Perlmuster mit Nd Nr. 7 weiterarbeiten, dabei in der 1. R 1 M zunehmen = 25 (27/29/29/31) M.

Beidseitig 1 M ab Rand wie folgt zunehmen:

2 Jahre: Nach 12 R 1 x 1 M und in jeder 10. R 2 x 1 M.

4 Jahre: In jeder 10 R 4 x 1 M.

6 Jahre: In jeder 12. R 4 x 1 M.

8 Jahre: In jeder 10. R 5 x 1 M und nach 8 R 1 x 1 M.

10 Jahre: In jeder 12. R 2 x 1 M und in jeder 10. R 4 x 1 M.

= 31 (35/37/41/43) M.

Nach 20 (24/28/31,5/35) cm ab Rippenmuster für die Armkugel beidseitig in jeder 2. R wie folgt abketten:

2 Jahre: 1 x 2 M, 7 x 1 M und 1 x 2 M.

4 Jahre: 1 x 2 M, 9 x 1 M und 1 x 2 M.

6 Jahre: 1 x 2 M, 10 x 1 M und 1 x 2 M.

8 Jahre: 2 x 2 M, 10 x 1 M und 1 x 2 M.

10 Jahre: 2 x 2 M, 11 x 1 M und 1 x 2 M.

Nach 29 (34/39/43,5/48) cm ab Rippenmuster die restlichen 9 M abketten.

Den zweiten Ärmel ebenso stricken.

Fertigstellung

Die Schulternähte schließen. Mit der Rundstricknadel aus dem Halsausschnitt 43 (47/51/55/59) M auffassen, dabei beidseitig etwa 8 cm der Ausschnittkante frei lassen und 1 Rück-R re M stricken, dann im Rippenmuster stricken, dabei die 1. R und alle weiteren Hin-R mit 2 M re beginnen und beenden. Nach 4 cm ab M-Aufnahme alle M locker abketten. Seiten- und Ärmelnähte schließen. Die Ärmel einsetzen. Knöpfe annähen.

Dank

Vielen Dank an Leeloo, Emma Louise, Enza, Clara, Antoine, Jules, Adrien und Sacha, unsere kleinen Models der Agentur Coccinelle

Hemd und Turnschuhe 3SUISSES, Jeans IMPS&ELFS, Ball KIPSTA von DECATHLON

Leggings JEAN BOURGET, Schuhe POM D'API, Gymnastik-Reifen DOMYOS von DECATHLON

Hose IMPS&ELFS, Turnschuhe LA&HALLE AUX CHAUSSURES, Skateboard OXELO von DECATHLON

Kleid CATIMINI, Springseil DOMYOS von DECATHLON

Knöchelhohe Turnschuhe 3SUISSES, Hasenlampe Miffy FLEUX

Kurze Hose LEVI'S, Turnschuhe LA&HALLE AUX CHAUSSURES, Ordnungsbox Lego FLEUX

Shorts und Turnschuhe 3SUISSES, Angelrute CAPERLAN von DECATHLON, Fisch BONTON

Rock CATIMINI, Stiefel LA HALLE AUX CHAUSSURES, Schultasche BAKKER MADE WITH LOVE

Jeans IKKS, Turnschuhe LA HALLE AUX CHAUSSURES, Ukulele MILONGA

Shorts CATIMINI, Stiefel POM D'API, Riesenstrickhund BLABLA KIDS

Jeans IKKS, Ballerinas POM D'API, Regenschirm RUE DU PARAPLUIE

Stiefel POM D'API, Sitzkissen Riesen-Hamburger FLEUX

Gestreiftes Kleid 3SUISSES,
Stiefel AIGLE, Fangnetz CAPERLAN
von DECATHLON

Kurze Jeans 3SUISSES,
halbhohe Stiefel POM D'API,
Regenschirm CATIMINI

Rock NAF NAF, halbhohe Stiefel
LA HALLE AUX CHAUSSURES,
Gymnastik-Band DECATHLON

Jeans und Ballerinas CHIPIE,
gestreifte Tasche 3SUISSES

Slim-Jeans 3SUISSES, Rollerskates
OXELO von DECATHLON

Hose CATIMINI,
Turnschuhe 3SUISSES

Jeans LEVI'S, halbhohe Stiefel
POM D'API, Gitarre MILONGA

Hose IMPS&ELFS, Turnschuhe
3SUISSES, Gymnastikball DOMYOS
von DECATHLON

Jeans 3SUISSES, Trampolin
DOMYOS von DECATHLON

Jeans LEVI'S, Turnschuhe LA HALLE
AUX CHAUSSURES, Fahrrad BMX
B'TWIN von DECATHLON

Rock CATIMINI, halbhohe Stiefel
POM D'API, Geflochtene Tasche
mit Sternen IKKS

Kombination LITTLE KARL MARC
JOHN, Ballerinas POM D'API,
Gymnastikreifen DOMYOS von
DECATHLON

Impressum

Erstveröffentlichung in Frankreich 2012 unter dem Titel „Basiques enfants"
Copyright © 2012 Éditions Marie Claire – Societě d'Information et de Créations – SIC

Die deutsche Ausgabe von "Basiques enfants" mit der Erstveröffentlichung in
Frankreich bei Éditions Marie Claire erscheint in Übereinkunft mit der Silke
Bruenink Agency, München.

Deutsche Ausgabe:
Übersetzung: Regina Sidabras
Lektorat: Birgit Rath-Israel
Redaktion: Anna Fischer
Satz und Umschlaggestaltung: GrafikwerkFreiburg

Rechte der deutschen Ausgabe:
© 2014 Christophorus Verlag GmbH & Co. KG, Freiburg
Alle Rechte vorbehalten.

ISBN 978-3-8410-6292-5
Art.-Nr. OZ6292

Printed in Romania

Hersteller

Die in diesem Buch verwendeten Garne sind Garne der Marke **Phildar**
www.phildar.fr

Alternative Garne:
- Coats GmbH (D), www.coatsgmbh.de
  Coats Harlander GmbH (A), www.coatscraft.at
  Coats Stroppel AG (CH), www.coatscrafts.ch
- Junghans Wollversand, www.junghans-wolle.de
- Lana Grossa, www.lanagrossa.de
- Lang Yarns (CH), www.langyarns.ch
- ONline Klaus Koch, www.online-garne.de
- Schoeller + Stahl, www.schoeller-und-stahl.de
- Schoppel Wolle, www.schoppel-wolle.de

Handarbeitshilfen, Knöpfe und Zubehör:
- Addi-Handarbeitshilfen über Gustav Selter, www.addinadeln.de
- Dill Buttons, www.dill-buttons.com
- Gütermann, www.guetermann.com
- Prym-Handarbeitshilfen, www.prym-consumer.de
- Union Knopf, www.unionknopf.de